EXPÉDITION

DES

FRANÇAIS ET DES ANGLAIS

EN CHINE

1860

Coup d'œil sur la Chine. Causes de la guerre. Traversée des troupes.
Opérations militaires. Conclusion de la paix.

PARIS

LIBRAIRIE POPULAIRE DES VILLES ET DES CAMPAGNES

RUE D'ULM, 48

1861

Paris.—Typographie Walder, rue Bonaparte, 44.

TRAITÉ DE PAIX

Conclu à Pékin, le 26 octobre 1860, entre S. M. l'Empereur des Français et S. M. l'Empereur de la Chine.

S. M. l'Empereur des Français et S. M. l'empereur de la Chine, voulant mettre un terme au différend qui s'est élevé entre les deux empires et rétablir et assurer à jamais les relations de paix et d'amitié qui existaient entre eux et que de regrettables événement ont interrompues, ont nommé pour leurs plénipotentiaires respectifs, savoir : S. M. l'Empereur des Français, le sieur Jean-Baptiste-Louis baron Gros, sénateur de l'Empire, ambassadeur et haut commissaire de France en Chine, grand-officier de l'Ordre impérial de la Légion d'honneur, chevalier grand-croix de plusieurs ordres, etc., etc., et S. M. l'empereur de la Chine, le prince Kong, membre de la famille impériale et haut commissaire.

Lorsquels, après avoir échangé leurs pleins pouvoirs, trouvés en bonne et due forme, sont convenus des articles suivants :

Art. 1. S. M. l'empereur de la Chine a vu avec peine la conduite que les autorités militaires chinoises ont tenue à l'embouchure de la rivière de Tien-Tsin, dans le mois de juin de l'année dernière, au moment où les ministres plénipotentiares de France et d'Angleterre s'y présentaient pour se rendre à Pékin afin d'y procéder à l'échange des ratifications des traités de Tien-Tsin.

Art. 2. Lorsque l'ambassadeur haut-commissaire de S. M. l'Empereur des Français se trouvera dans Pékin pour y procéder à l'échange des ratifications du traité de Tien-Tsin, il sera traité, pendant son séjour dans la capitale, avec les honneurs dus à son rang, et toute les facilités possibles lui seront données par les autorités chinoises pour qu'il puisse remplir sans obstacle la haute mission qui lui est confiée.

Art. 3. Le traité signé à Tien-Tsin le 27 juin 1858 sera fidèlement mis à exécution dans toutes ses clauses, immédiatement après l'échange des ratifications dont il est parlé dans l'article précédent sauf, bien entendu, les modifications que peut y apporter la présente convention.

Art. 4. L'article 4 du traité de Tien-Tsin, par lequel S. M. l'Empereur de la Chine s'engage à faire payer au gouvernement français une indemnité de 2 millions de taëls, est annulé et remplacé par le présent article, qui élève à la somme de 8 millions de taëls le montant de cette indemnité.

Il est convenu que les sommes déjà payées par la douane de Canton, à compte sur la somme de 2 millions de taëls, stipulée par le traité de Tien-Tsin, seront considérées comme ayant été payées d'avance et à compte sur les 8 millions de taëls dont il est question dans cet article.

Les dispositions prises dans l'article 4 du traité de Tien-Tsin sur le mode de payement établi au sujet des 2 millions de taëls sont annulées. Le montant de la somme qui reste à payer par le gouvernement chinois sur les 8 millions de taëls stipulés par la présente convention, le sera en y affectant le cinquième des revenus bruts des douanes des ports ouverts au commerce étranger, et de trois mois en trois mois, le premier terme commençant au 31 décembre suivant. Cette somme, spécialement réservée pour le paiement de l'indemnité due à la France, sera comptée en piastres mexicaines ou en argent sycé, au cours du jour du paiement, entre les mains du ministre de France ou de ses délégués.

Une somme de 500,000 taëls sera payée cependant à compte, d'avance, en une seule fois, et à Tien-Tsin, le 30 novembre prochain, ou plus tôt si le gouvernement chinois le trouve convenable.

Une commission mixte, nommée par le ministre de France et par les autorités chinoises, déterminera les règles à suivre pour effectuer les payements de toute l'indemnité, en vérifier le montant, en donner quittance, et remplir enfin toutes les formalités que la comptabilité exige en pareil cas.

Art. 5. La somme de 8 millions de taëls est allouée au gouvernement français pour l'indemniser des dépenses que les armements contre la Chine l'ont obligé de faire comme aussi pour dédommager les Français et les protégés de la France qui ont été spoliés lors de l'incendie des factoreries de Canton, et indemniser aussi les missionnaires catholiques qui ont souffert dans leurs personnes ou leurs propriétés. Le gouvernement français répartira cette somme entre les parties intéressées dont les droits ont été légalement établis devant lui et en raison de ces mêmes droits, et il est convenu entre les parties contractantes que 1 million de taëls sera destiné à indemniser les sujets français ou protégés par la France des pertes qu'ils ont éprouvées ou des traitements qu'ils ont subis, et que les 7 millions de taëls restants seront affectés aux dépenses occasionnées par la guerre.

Art. 6. Conformément à l'édit

impérial rendu le 20 mars 1846 par l'auguste empereur Tac-Kouang, les établissements religieux et de bienfaisance qui ont été confisqués aux chrétiens pendant les persécutions dont ils ont été victimes seront rendus à leurs propriétaires par l'entremise de S. Exc. le ministre de France en Chine, auquel le gouvernement impérial les fera délivrer avec les cimetières et les autres édifices qui en dépendaient.

Art. 7. La ville et le port de Tien-Tsin, dans la province de Pet-cheli, seront ouverts au commerce étranger, aux mêmes conditions que le sont les autres villes et port de l'empire où ce commerce est déjà permis, et cela à dater du jour de la signature de la présente convention, qui sera obligatoire pour les deux nations, sans qu'il soit nécessaire d'en échanger les ratifications, et qui aura même force et valeur que si elle était insérée mot à mot dans le traité de Tien-Tsin.

Les troupes françaises qui occupent cette ville pourront, après le paiement des 500,000 taëls dont il est question dans l'article 4 de la présente convention, l'évacuer pour aller s'établir à Takou et sur la côte nord du Shang-Tong, d'où elles se retireront ensuite dans les mêmes conditions qui présideront à l'évacuation des autres points qu'elles occupent sur le littoral de l'empire. Les commandants en chef des forces françaises auront cependant le droit de faire hiverner leurs troupes de toutes armes à Tien-Tsin, s'ils le jugent convenable, et de ne les retirer qu'au moment où les indemnités dues par le gouvernement chinois auraient été entièrement payées, à moins cependant qu'il ne convienne aux commandants en chef de les en faire partir avant cette époque.

Art. 8. Il est également convenu que dès que la présente convention aura été signée et que les ratifications du traité de Tien-Tsin auront été échangées, les forces françaises qui occupent Chusan évacueront cette île, et que celles qui se trouvent devant Pékin se retireront à Tien-Tsin, à Takou, sur la côte nord du Shang-Tong ou dans la ville de Canton, et que dans tous ces lieux ou dans chacun d'eux le gouvernement français pourra, s'il le juge convenable, y laisser des troupes jusqu'au moment où la somme totale de 8 millions de taëls sera payée en entier.

Art. 9. Il est convenu entre les hautes parties contractantes que, dès que les ratifications du traité de Tien-Tsin auront été échangées, un édit impérial ordonnera aux autorités supérieures de toutes les provinces de l'empire de permettre à tout Chinois qui voudrait aller dans les pays situés au delà des mers pour s'y établir ou y chercher fortune de s'embarquer, lui et sa famille, s'il le veut, sur les bâtiments français qui se trouveront dans les ports de l'empire ouverts au commerce étranger.

Il est convenu aussi que dans l'intérêt de ces émigrés, pour assurer leur entière liberté d'action et sauvegarder leurs intérêts, les autorités chinoises compétentes s'entendront avec le ministre de France en Chine pour faire les réglements qui devront assurer à ces engagements, toujours volontaires, les garanties de moralité et de sûreté qui doivent y présider.

Art. 10 et dernier. Il est bien entendu entre les parties contractantes que le droit de tonnage, qui par erreur a été fixé dans le traité français de Tien-Tsin à 5 maces par tonneau sur les bâtiments qui jaugent 150 tonneaux et au-dessus, et qui dans les traités signés avec l'Angleterre et les États-Unis en 1858, n'est porté qu'à la somme de 4 maces, ne s'élèvera qu'à cette même somme de 4 maces, sans avoir à invoquer le dernier paragraphe de l'article 27 du traité de Tien-Tsin, qui donne à la France le droit formel de réclamer le traitement de la nation la plus favorisée.

La présente convention de paix a été faite à Pékin en quatre expéditions, le 25 octobre 1860, et y a été signée par les plénipotentiaires respectifs, qui y ont apposé le sceau de leurs armes.

(L. S.) Signé Baron GROS.
(L. S.) Signé Prince KONG.

Pour copie conforme :
Signé Baron GROS.

Procès-verbal de l'échange des ratifications du traité de Tien-Tsin.

Le 25 octobre 1860, les hauts commissaires des empires de France et de Chine, munis des pleins pouvoirs trouvés réciproquement en bonne et due forme, savoir :

Pour l'empire de France, S. Exc. le baron Gros, sénateur de l'empire et ambassadeur extraordinaire de S. M. l'Empereur des Français en Chine, grand-officier de la Légion-d'Honneur, chevalier grand-croix de plusieurs ordres, etc.

Et pour l'empire de la Chine, le prinse Kong, membre de la famille impériale et haut commissaire ;

Se sont réunis au palais de Li-Pou, dans Pékin, à l'effet de procéder à l'échange des ratifications du traité de paix, d'amitié et de commerce signé à Tien-Tsin le 27 juin 1858, ayant avec eux les secrétaires et les interprètes des deux nations ; et S. Exc. le haut-commissaire de France a remis entre les mains de S. A. impériale le prince Kong l'instrument original du traité de Tien-Tsin, transcrit dans les deux langues et revêtu du grand sceau de l'Etat de l'Empire de France et de la signature de S. M. l'Empereur des Français, qui déclare dans cet acte que toutes les clauses dudit traité sont ratifiées et seront fidèlement exécutées.

S. A. I. ayant reçu le traité ainsi ratifié, a remis à son tour à S. Exc. le haut commissaire français l'un des exemplaires du même traité approuvé et ratifié au pinceau vermillon par S. M. l'empereur de Chine, et l'échange des ratifications du traité signé à Tien-tsin en 1858 ayant eu lieu, les hauts commissaires impériaux ont signé le présent procès-verbal, rédigé par leurs secrétaires respectifs, et y ont apposé le cachet de leurs armes.

Fait en double expédition dans le palais de Li-Pou, à Pékin, le 25 octobre 1860.

Signé baron GROS.

KONG.

« La paix a été signée le 25 octobre entre le frère de l'empereur et moi.

« L'ultimatum de Sang-haï a été accepté. L'échange des ratifications du traité de Tien-tsin a eu lieu ; 60 millions de francs seront payés comme indemnité à la France ; 3 millions 750,000 francs seront versés à compte le 30 de ce mois.

« L'émigration des Coolies est autorisée par le gouvernement chinois.

« Les églises, les cimetières avec leurs dépendances appartenant autrefois aux chrétiens dans tout l'empire leur seront rendus par l'entremise du ministre de France. Le prince Kong m'a envoyé hier un document officiel constatant la remise qu'il m'a déjà faite de la cathédrale catholique de Pékin ; il ajoute qu'il sait que dans la ville impériale se trouvait autrefois une autre église, qu'elle est actuellement détruite, mais que le terrain et les dépendances vont m'en être remis. J'ai délivré aujourd'hui des passeports à des missionnaires.

« Le 28 octobre, l'armée presque out entière, l'ambassade en tête, a conduit au cimetière catholique, rendu déjà à M. Mouly, évêque du Petcheli, et où reposent les restes des RR. PP. Gerbillon, Ricci, Shaal, les six victimes du guet-apens du 18 septembre dernier. Le général Grant et son état-major s'étaient joints à nous ; M. Ignatieff, ministre de Russie, dont le loyal concours m'a été extrêmement utile dans toutes ces circonstances, nous attendait au cimetière. Le lendemain 29, un service a été célébré dans la cathédrale également remise à M. Mouly.

« La croix de fer a été rétablie sur le sommet de l'édifice, et le *Domine salvum fac imperatorem* a inauguré le rétablissement public et légal du culte catholique en Chine.

« Il m'a été d'ailleurs remis comme indemnité spéciale pour l'attentat du 18 septembre une somme de 1 million 500,000 fr.

« Tout va admirablement et autorise l'espoir que ce succès sera durable. Je quitterai probablement Pékin dans deux ou trois jours pour retourner à Tien-tsin et m'y concerter avec lord Elgin sur ce qu'il nous restera à faire. »

Baron GROS.

« On croit devoir indiquer, pour l'intelligence de ce qui précède, les principaux points de l'ultimatum qui avait été adressé au gouvernement chinois :

« 1° Excuses formelles pour l'attaque des forces alliées à Takou ;

« 2° Echange à Pékin des ratifications du traité conclu précédemment à Tien-tsin ;

« 3° Déclaration que le gouvernement français reprenait le droit d'établir une mission diplomatique permenente à Pékin ;

« 4° Paiement d'une indemnité de 60 millions de francs. »

Nous avons reçu quelques détails sur les cérémonies qui ont accompagné ou suivi la signature des traités avec l'empire chinois ; ils complètent les renseignements contenus dans la dépêche de M. le baron Gros, datée de Pékin, 7 novembre.

Le 24 octobre, les Anglais ont voulu entourer la cérémonie de la signature du traité de paix conclu entre la Grande-Bretagne et la Chine de tout le prestige militaire dont ils pouvaient disposer. Un escadron de dragons de la reine, magnifique troupe dont la tenue est très-remarquable, formait avec un détachement de Sikhs montés, l'escorte de la cavalerie.

L'infanterie se composait de deux régiments de 500 hommes chacun et de Sikhs à pied. Lord Elgin est entré à Pékin en chaise, entouré de seize porteurs revêtus des plus riches costumes. Les détails du cérémonial ont paru motiver des pourparlers assez longs.

Le lendemain 25, a eu lieu la signature du traité conclu entre la France et l'empire chinois. L'ambassadeur de France s'était rendu chez le général de Montauban, et c'est du quartier général français que le cortége est parti pour se rendre au Yamoun ou palais des affaires étrangères, situé très-loin dans la ville de Pékin. Une escorte d'honneur escortait le baron Gros, ambassadeur de S. M. l'Empereur des Français, et le général de Montauban. Elle se composait d'un détachement de spahis avec burnous rouge, et d'un détachement de chasseurs d'Afrique. Un escadron complet d'artillerie à cheval fermait la marche. La tenue de ces troupes était parfaite ; les uniformes et les housses de selles avaient été confectionnés à Shang-haï, en remplacement des effets perdus avec la *Reine-des-Clipers ;* c'était l'aspect de nos belles troupes de France, rehaussé par l'orgueil de la victoire et la satisfaction du succès.

Le cortége a traversé la ville dans le plus grand ordre, au milieu d'une population plus compacte que celle de Paris pendant les jours de fête. Il ne s'est pas produit le plus léger désordre ; des mandarins de tout grade faisaient circuler la foule de manière à laisser aux troupes françaises le milieu des rues qui avaient, sur les points parcourus, une largeur de 30 mètres. Elles sont remplies de poussière en été, et sont impraticables quand il pleut ; nous n'aurons pas à y importer le macadam ; sous ce rapport, la civilisation chinoise n'a rien à envier à la nôtre.

La ville de Pékin contient quelques beaux monuments ; mais, en somme, elle offre un assez triste aspect. Le rempart a 17 mètres de largeur ; plusieurs voitures pourraient y circuler de front. Pour donner une idée de l'étendue de la ville, il suffit de dire que, pour en traverser seulement les trois quarts, le cortége a mis plus d'une heure et demie sans s'arrêter.

Le prince Kong s'est montré d'une politesse gracieuse pour le baron Gros et pour le général de Montauban. Il est âgé de 24 à 25 ans; sa figure est douce et spirituelle; le fardeau si lourd et si difficile que lui impose depuis quelque temps l'empereur son frère paraît l'avoir profondément fatigué.

Au moment de la signature du traité, une foule de mandarins à boutons de toutes couleurs, ainsi que les ministres, étaient à la gauche de la grande salle, du côté du prince Kong; l'ambassadeur de France occupait la droite avec le général de Montauban. L'échange des pouvoirs, leur vérification et la signature du traité de paix ont duré environ une heure; au moment de la signature du traité, l'artillerie a tiré une salve de vingt et un coups de canon.

Depuis que la paix a succédé au régime de la guerre, le commandant en chef des forces françaises a pu communiquer avec Mgr Mouly, évêque de Petcheli, prêtre très-vénéré dans ce pays, où il jouit particulièrement de la confiance du prince Kong. On ne peut méconnaître que les missionnaires français ont jeté des racines profondes dans ce pays, où notre plus sérieuse influence est dans les mains du clergé catholique. Les pompes de l'Église romaine im-pressionnent beaucoup les Chinois, et, le jour où le traité de paix a rendu les cérémonies catholiques à toute leur liberté, on voyait un nombre considérable de prêtres chinois de tout âge et de tout rang, même parmi les mandarins.

C'est le 28 octobre que l'enterrement des malheureuses victimes de la perfidie chinoise a eu lieu dans le cimetière catholique qui appartenait, il y a 200 ans, aux missionnaires portugais. Ce magnifique cimetière renferme des tombes en marbre des premiers évêques catholiques de Pékin et notamment de Mgr Shaal, qui fut ministre de l'empereur Kang-hi et de Mgr Ricci. La conservation de ces beaux monuments est due au profond respect des Chinois pour les morts et à la pieuse protection de la mission russe à Pékin.

La cérémonie de l'enterrement a été très-imposante; elle avait attiré un concours immense de peuple. Les six corps étaient portés chacun sur un chariot d'artillerie; un drap de velours noir sur lequel se détachait une croix blanche recouvrait chaque cercueil. Le cortége qui suivait le deuil se composait de tous les prêtres catholiques français, anglais et chinois en grand nombre; tous les officiers de l'armée anglaise étaient mêlés aux officiers français, qui avaient rendu, quelques jours auparavant, les mêmes devoirs aux Anglais victimes de la même trahison.

La réouverture de la belle église catholique de Pékin a eu lieu le 29 octobre. Fermée pendant trente-cinq ans, elle avait subi de graves avaries ; mais nos troupes du génie, nos soldats de toutes armes ont travaillé avec un tel zèle, l'évêque de Pékin, les prêtres français et chinois ont déployé une activité si prodigieuse que, lorsque le cortége y est entré, on aurait pu se croire dans une cathédrale de France. Tout le monde a été saisi d'une indicible émotion lorsque la musique et les chœurs des régiments ont chanté le *Te Deum* et le *Domine salvum fac Imperatorem.* On eût dit que les chants religieux, échos de l'Eglise que chacun de nous aime en France, avaient fait disparaître un instant les 6,000 lieues qui séparent l'armée française de la mère-patrie.

COUP D'ŒIL GÉNÉRAL SUR LA CHINE.

La Chine, vaste région asiatique, appelée en chinois *Tath-ching-koun* (le céleste empire), comprend : 1° tous les pays de l'empire chinois ; 2° la Chine propre, qui en est le noyau immense. Elle s'étend entre les 18° — 51° de latitude N. et 69° — 141° de longitude E. Elle a pour limites, au N., la Sibérie, les steppes de Kirghis et une partie du Turkestan, ou Tartarie indépendante ; à l'E., l'Océan Pacifique oriental, la mer d'Okhotsk, la mer Jaune et celle du Japon ; au S., la mer de la Chine, l'empire d'Annam, le Siam, le Birman, les possessions anglaises et le Nepaul ; à l'O., encore le Turkestan et la Tartarie indépendante. Du N. au S., elle mesure environ 3,500 kil., et 8,000 de l'E. à l'O., et sa superficie donne 13,659,600 kilom. carrés. Sa population, qu'on a évaluée à 400 millions d'habitants, ne paraît pas devoir dépasser 170,000,000. Les pays entièrement soumis qui constituent la Chine propre, sont divisés en 18 provinces. La Mongolie proprement dite, les Mongols du Khoukhounoor, une partie des Kirghis de la grande horde ne sont que tributaires ; les royaumes de Corée et de Lieou-Khicou, le Thibet et le Boutan, sont protégés ou vassaux.

Appelée Sérique (pays de la soie) par les Grecs et les Romains, célèbre au moyen âge sous le nom de Cathay, dont les Russes ont fait Kithaï, en raison des Khitaus, habitants des frontières du N., la Chine propre est désignée par ses habitants sous les dénominations de Tien-hia (ce qui existe sous le ciel), de Tschonkou (empire du centre ou du milieu) ; par les Tartars Mantchoux, ses conquérants, sous le nom de Ta-thsing-koun (grand et pur empire) et par les Arabes, sous celui du Cin, d'où est dérivé celui de Chine.

OROGRAPHIE. — L'empire chinois est borné au N. par une longue suite circulaire de chaînes de montagnes qui l'entoure du N. au S.-O. Ce sont les monts Khingkan-Alin qui commencent au cap Romberg sur la mer d'Okhotsk, ceux de Stanovoï, d'Iablonnoi, de Khonguy, de Tangnou, le petit Altaï, le Moussour et l'Hindou-Khouch qui se joint au S. aux monts Hymalaya et au Kanti-sse, nœud principal de cette chaîne, d'où se détachent deux branches principales : le Peling et le Nan-ling. La première court de l'O. à l'E. dans le centre de la Chine ; l'autre s'étend dans la même direction, mais plus au S. D'après les notions du pays, le nombre des montagnes célèbres s'élèverait à 5,270, dont 476 ayant des mines de cuivre et 3,609 des mines de fer. Il n'existe pas de volcan en Chine, mais au N. on ressent assez fréquemment des tremblements de terre.

HYDROGRAPHIE. — Parmi les fleuves, on distingue le Ta-kiang ou Yany-tse-kiang et le Houang-ho (fleuve Jaune), qui prennent leurs sources dans les monts Kan-ti-sse, et se perdent dans la mer Jaune ; le Yaloung et le Kin-cha-kiang, qui se réunissent pour former le Ta-kiang ; le Jakhatian - Oula ou Amour, le plus considérable du pays des Mandchoux, et qui a pour affluents le Sounggari et l'Oussouri. Les deux plus grands lacs sont : le Tchoung-thing et le Phou-yang. Les autres sont nombreux sur le plateau central. Tous ces lacs, fort poissonneux, servent en même temps de moyens commodes de communication entre les habitants. Chaque province a d'ailleurs ses canaux, et peu de pays offrent un système de canalisation aussi complet. On remarque surtout le canal impérial, qui sert de ligne de communication entre le S. et le N.

L'eau est rarement potable en Chine, à cause de la trop grande lenteur du cours des rivières. Les sources d'eaux médicinales y sont nombreuses ; il y en a une dont la température est si élevée que les habitants y font cuire leur riz.

Parmi les îles principales nous citerons : l'île de Haïnan, au S.-O. de la province de Canton, celle de Formose, et celle de Sakhalian ou Tarakaï à l'embouchure de l'Amour. On trouve sur les côtes : les caps de Chan-toung, de Charlotte, l'Epée du Prince-Régent, le cap Elisabeth et celui de Patience. Le climat de la Chine, qui réunit à la fois les deux extrêmes et toutes les gradations de la chaleur et de la froidure, est beau ; l'air est pur et salutaire, et généralement on y vit très-vieux, ce qui est dû aussi à l'importance que l'on met à tous les travaux d'irrigation et à la mise en état de culture de tous les bords des lacs et de toutes les terres marécageuses.

ASPECT DU PAYS. — La curiosité du voyageur, en entrant en Chine, est bientôt rassasiée et détruite par l'uniformité morale, politique et même locale : car, plaines ou montagnes, la Chine conserve le même aspect si longtemps que l'œil se fatigue également de cette continuité de sublimité ou d'insignifiance ; bref, on n'y jouit ni des aises et du bien-être de la vie civilisée, ni du sauvage intérêt qu'inspirent les pays à demi barbares.

ANIMAUX — Parmi les nombreuses races d'animaux, on distingue particulièrement diverses espèces d'ours, de léopards, de panthères, de blaireaux et de rongeurs ; le chameau de la Bactriane, le buffle, le tigre, la panthère, l'éléphant, le rhinocéros, le tapir, le cerf, l'antilope, le musc et plusieurs grandes espèces de singes, etc. Les animaux sauvages et domestiques de l'Europe se retrouvent tous en Chine, qui possède en outre de magnifiques oiseaux vivant aussi sous ce beau climat; les faisans dorés et argentés, ainsi que les plus belles espèces de papillons et d'insectes.

VÉGÉTAUX. — Il y aurait là sans doute une immensité de richesses végétales à étudier; mais la difficulté de pénétrer dans l'intérieur du pays n'a permis de connaître qu'un petit nombre de plantes et végétaux, tels que ceux-ci : le thé, branche importante du commerce, le bambou, le plus précieux des arbres chinois, l'arbre à cire, l'arbre à suif, le mûrier à papier, le camphrier, l'arbre à vernis, le cannellier, le jujubier, l'oranger, le bibacier, et beaucoup d'autres dont les propriétés ou les fruits sont spécialement indigènes, comme le cotonnier, le jen-chen, récolté seulement par l'empereur, la rhubarbe, très-abondante dans les provinces du Nord, et une diversité de fleurs rares et de plantes utiles.

AGRICULTURE. — Nul pays où l'agriculture soit plus encouragée qu'à la Chine; toutes les céréales des contrées européennes y prospèrent; mais le riz est celle que l'on cultive de préférence.

Les mûriers, les vers à soie, le coton et le thé sont avec le riz les objets les plus importants de l'agriculture chinoise. Environ 180 millions d'hectares sont en culture. La propriété foncière est très-divisée et le morcellement a réduit les champs à des surfaces de quelques arpents cultivés par les propriétaires eux-mêmes. Chaque champ est entouré de digues de terre, utiles comme sentiers de circulation et comme moyen de maintenir continuellement par des vannes l'alimentation des ruisseaux d'irrigation. Le sol est fertile, surtout dans les plaines, mais exposé aux effets de la sécheresse et aux ravages de nuées de sauterelles. Il faut les efforts intelligents des Chinois pour parer à ces inconvénients. Les Chinois ont grande vénération pour Siaicunong than, ou inventeur de l'agriculture. Son temple est entouré d'une haute muraille, dont le circuit est de trois milles. Les empereurs de la Chine vont tous les ans dans ce temple, au printemps, pour labourer la terre et présenter au ciel un sacrifice; la cérémonie est curieuse et solennelle.

Quand l'empereur a labouré une demi-heure environ, il va s'établir sur une éminence voisine, du haut de laquelle il examine le travail des princes, ministres et mandarins, qui, conduits par les plus habiles cultivateurs, labourent à leur tour, mais en plein air. Pendant qu'ils sont à l'œuvre, les musiciens de la cour chantent des hymnes composées dans les anciens temps en l'honneur de l'agriculture. L'empereur, les princes et tous les grands personnages sont vêtus comme les fermiers, et leurs instruments aratoires, qui sont très-bien faits, se conservent dans des magasins particuliers. Les charrues sont traînées par des bœufs que l'on n'emploie jamais à d'autres services. La récolte est aussi emmagasinée à part, et l'on assure que le blé produit par le labeur impérial est de beaucoup supérieur à celui qui croît dans les sillons tracés par les princes et les mandarins. Le pain du champ de l'empereur sert à faire les gâteaux que l'on offre et sacrifie au ciel. C'est par des jeûnes, des prières et la retraite que l'empereur se prépare à cette cérémonie auguste, dont l'objet est de perpétuer la mémoire des heureux temps où les princes eux-mêmes étaient cultivateurs. L'origine de la fête de l'agriculture se perd dans la nuit des temps.

INDUSTRIE ET COMMERCE. — L'art de fabriquer la soie, les étoffes, la porcelaine, de travailler le bambou et les métaux, de polir, de broder, de teindre, de vernisser, de faire des papiers soyeux et fins, de composer d'admirables couleurs inaltérables, et tant d'autres choses inimitables, date de temps immémorial chez ce peuple industrieux entre tous les autres, et qui possède à un degré particulier l'adresse, la patience et l'esprit d'imitation. Les Chinois connaissent depuis très-longtemps la polarité de l'aiman, la poudre à canon et d'autres matières inflammables. Ils font des instruments de musique; la gravure sur bois et l'imprimerie stéréotype fleurissent chez eux depuis le Xe siècle. Ils font pour les Européens des objets à leur goût en stéatite, en porcelaine, en bois peint; et la main-d'œuvre est à si vil prix qu'on a souvent de l'avantage à leur commander des ouvrages qui reviendraient plus cher en Europe.

On doit croire qu'un pays aussi vaste et aussi riche en productions naturelles et industrielles ne peut manquer d'avoir un commerce intérieur immense; et, en effet, il est tel. Quant au commerce extérieur, on doit en attribuer le peu d'étendue à l'aversion nationale des Chinois pour toute espèce de relations avec les étrangers; et en réfléchissant à l'activité continuelle qui règne chez eux, à leurs richesses naturelles, à l'immensité de leurs ressources intérieures et à l'indépendance dont ils jouissent à l'égard des autres nations, on conçoit jusqu'à un certain point l'indifférence qu'ils apportent à un commerce extérieur auquel nous attachons tant d'importance. Canton a été longtemps presque la seule ville chinoise où il fût permis aux Européens de demeurer pour leurs opérations commerciales.

En fixant, en 1702, les lieux des dépôts de marchandises européennes et la durée du séjour des marchands, le gouvernement chinois en confia le monopole à des négociants privilégiés nommés *houg* par les Anglais et *hanister* par les Français. Ils étaient les agents de toutes les opérations commerciales et donnaient des garanties, des cautionnements et des répondants. Souvent leurs fonctions s'étendaient même jusqu'à l'intervention publique dans les différends qui survenaient entre les étrangers et les autorités locales. Malgré les entraves qui entouraient le commerce européen, en 1816, les importations et les exportations anglaises en Chine s'élevaient au chiffre de 150 millions de francs, qui a doublé depuis.

QUALITÉS PHYSIQUES DES CHINOIS. MOEURS ET COUTUMES. — Les Chinois sont en général d'une taille moyenne, et leurs membres, leurs mains et leurs pieds sont très-petits. Quant à leur teint, il est jaune ou brun suivant le lieu qu'ils habitent et leur genre de vie. Les habitants du Nord ont la taille beaucoup plus élevée et le teint plus clair que ceux des provinces méridionales. Leur visage est plat, leur nez petit ; les pommettes des joues sont élevées et les yeux saillants et obliques. Bien que les femmes aient la physionomie plus agréable que les hommes, elles sont loin de posséder la beauté que l'on admire dans les Géorgiennes et les autres femmes de l'Asie. Il y en a quelques unes qui ont le teint aussi blanc que les plus belles Européennes; mais d'un autre côté, leurs petits yeux, quoiqu'ils soient noirs et éclatants, n'ont pas l'agréable expression des grands yeux bleus ou noirs des femmes de l'Europe. Une de leurs beautés est d'avoir le plus petit pied possible, et elles se blesseraient plutôt que de le laisser paraître dans son développement naturel.

L'habillement en général, et particulièrement celui des hommes, est très-dispendieux. Dans les régions chaudes, ils portent des vêtements très-larges; le principal est une longue robe de toile qui a beaucoup de ressemblance avec le costume russe, à l'exception que les officiers portent cette robe ouverte devant et derrière. On en met une autre par-dessus avec de larges manches, dans la forme de celles du clergé russe. Les habits des mandarins, qui se composent de gaze ou de crêpe bleu doublé de satin à fleurs, sont simples et ne siéent pas mal. Les vêtements des gens riches sont en soie, à fleurs, et quelquefois de drap ou de casimir. La couleur

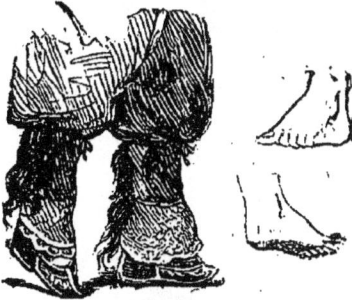

favorite est le bleu, en-
suite viennent le violet et
le noir. Quiconque porte
du jaune est tenu pour
sacré : un homme vêtu de
cette couleur n'a pas be-
soin de protection; il est
respecté en quelque lieu
qu'il paraisse. Le rouge et
le jaune sont les couleurs
déterminées par la loi pour
le costume des prêtres de
Bouddha. Le vert et par-
ticulièrement le rose sont
portés par les femmes.
Elles peignent et arran-
gent leur chevelure avec
beaucoup d'élégance. Les
fleurs artificielles, les riches épingles d'or et de
beaux papillons qui y sont
mêlés forment un contraste
agréable avec leurs cheveux
noirs.

RELIGIONS. — Le gou-
vernement reconnaît trois
religions : la première est
celle de Confucius, fondée
sur la loi naturelle. Elle
adore le ciel, enseigne des
préceptes moraux et pré-
sente quelques pratiques
auxquelles tout le monde
doit se conformer sans exception, depuis l'empereur
jusqu'au plus humble de ses
sujets. Les livres de cette
religion abondent en raison-
nements obscurs et en grandes contradictions ; mais
le fond de la doctrine
de Confucius peut se ré-
duire à un petit nombre de
principes : L'exacte ob-

servation des devoirs qu'imposent les relations de souverain et de sujet, du père et des enfants, du mari

et de la femme. Il y joint cinq vertus capitales dont il ne cesse pas de recommander la pratique : 1° l'humanité ; 2° la justice ; 3° la fidélité, se conformer aux usages et cérémonies établies ; 4° la droiture ou cette rectitude d'esprit et du cœur, qui fait qu'on recherche toujours le vrai ; 5° enfin la sincérité ou la bonne foi. Les cinq collections des livres classiques de l'empire contiennent les maximes de Confucius. Ensuite viennent la religion de Taoszu, fondée par Laotsu, et celle de Bouddha. Quand les Mantchoux devinrent les maîtres de la Chine, ils introduisirent une quatrième religion : c'est le chamanisme, qui se borne à l'invocation des esprits ou ombres des ancêtres. A certaines époques de l'année, et

invariablement le premier jour du second mois, l'empereur se rend dans un magnifique temple dédié à Confucius pour honorer sa mémoire comme philosophe et instituteur de l'empire.

GOUVERNEMENT. — L'empereur est revêtu d'un pouvoir suprême, et son trône est héréditaire seulement dans la ligne masculine, où il choisit indistinctement son héritier. En vertu de sa qualité de pontife, il est l'unique médiateur entre son peuple et le ciel, et lui seul peut officier dans les grandes fêtes, lorsqu'on veut apaiser la Divinité par des sacrifices. L'autorité paternelle, celle qui appartient au père et à la mère, forme la seconde branche du pouvoir impérial, et à cet égard il est relativement à ses sujets ce qu'est le ciel par rapport à lui, c'est-à-dire au-dessus de la loi. Cependant les appels faits au jugement du peuple par de fréquents édits, quelque illusoires que puissent être les motifs ou les arguments énoncés dans ces actes, prouvent suffisamment que l'empereur ne se regarde point, ainsi que le schahinsehab de Perse, comme tout à fait indépendant de l'opinion publique : au contraire, aux époques de calamités générales ou dans des circonstances particulières, l'empereur se croit obligé à guider les sentiments de ses sujets par une déclaration solennelle des causes qui ont dirigé sa conduite. Les affaires de l'empire sont partagées entre six ministères ou conseils dont dépendent un nombre infini de subdivisions et de fonctions publiques. Les chefs des six ministères avec les princes du sang forment un conseil qui dirige les affaires de l'Etat.

La Chine est supérieure aux autres contrées de l'Asie dans l'art de gouverner, et la société est mieux organisée. La grande chaîne de subordination qui monte du paysan à l'empereur et enlace tous les rangs et leurs nuances, doit agir comme un frein sur les tendances arbitraires des délégués de l'autorité souveraine ; ou du moins la possession graduée de priviléges personnels est à un certain point une garantie contre les effets de l'injustice et du caprice. Ces exemples d'une oppression accompagnée de punitions qui attristent l'œil et navrent l'âme du voyageur qui traverse le

plus précipitamment les autres contrées de l'Asie se rencontrent aussi en Chine, mais plus rarement. Néanmoins, sous le rapport des lois pénales, on a, non sans raison, comparé la Chine à une vaste école d'enfants, dirigée par des maîtres toujours armés de leur férule ; cette férule est le bambou dont les magistrats font un trop fréquent usage. Les coups de bâton sont, chez les Chinois, le grand moyen de correction et l'accessoire obligé des peines corporelles plus graves, dont la sévérité est tempérée par une foule de circonstances atténuantes et d'exceptions admises par les tribunaux et qui ôtent à ces lois le caractère de barbarie qu'elles portent. Les arrêts de mort sont exécutés en automne et tous le même jour. L'empereur, comme grand prêtre de toutes les religions de l'Etat, se rend chaque année, le 9 décembre, 16e jour de la 11e lune, suivant le calendrier chinois, au temple pour offrir des sacrifices expiatoires, à l'occasion des châtiments des criminels qui ont été condamnés à mort dans le cours de l'année et qui sont ensuite décapités, pendus ou étranglés.

Dans un Etat si grand et si peuplé, il faut nécessairement une police rigoureuse, et celle de Péking particulièrement est telle, qu'il est fort rare d'entendre parler du moindre désordre. Il y a constamment dans les rues des soldats l'épée au côté et un fouet à la main, tout prêts à frapper ceux qui sont disposés à faire du bruit ; ils ont le droit d'arrêter provisoirement tout

individu qui leur résiste et leur semble suspect. Un quartier de la ville est presque tout entier occupé par des tribunaux placés sous la direction du chancelier de justice. Il y en a six suprêmes, dont dé-

Pékin

pendent tous les autres, savoir : Li-pou, tribunal des mandarins; Hou-pou, tribunal des trésoriers; Li-pou, tribunal des cérémonies chinoises, religieuses ou autres; Ping-pou, tribunal de la guerre; Hing-pou, cour criminelle et Tou-tcha-youan, tribunal des censeurs de l'empereur, nommé aussi tribunal de police.

Des supplices rigoureux sont infligés à ceux qui attentent aux jours de l'empereur, passent sous un autre souverain, tuent un membre de leur famille. On châtie également avec une grande sévérité les gens qui volent des objets appartenant aux prêtres ou à la couronne, le sceau de l'empereur surtout; ceux qui n'accomplissent pas leurs devoirs envers leur famille, se marient sans avoir porté le deuil aussi longtemps que le veut la loi, quittent leurs parents sans permission et donnent des bals trop tôt après leur mort. Celui qui a trahi ses parents, qui a assassiné son professeur ou son supérieur, ou qui a un commerce illicite avec la concubine de son père, est châtié avec une extrême rigidité. Toutes les autres espèces de crimes ou délits sont punis de peines corporelles plus ou moins dures, dont on peut dans quelques cas se racheter avec de l'argent.

EDIFICES, MONUMENTS. — Sous la dynastie des Ming, il y avait en Chine deux capitales ou cours, Nanking et Peking; les Mantchoux n'ont conservé qu'une capitale, la ville de Peking, dont la province se nomme Tchy-li. Les autres villes chinoises ne portent point de nom; on dit simplement en parlant de l'une d'elles : La ville de tel département ou de tel canton. Toutes sont construites sur le même plan et environnées de hautes murailles flanquées de tours; les maisons sont généralement simples; la magnificence et le luxe sont réservés pour les temples et les édifices publics. Le palais impérial est un amas prodigieux de grands bâtiments, de cours spacieuses et de vastes jardins. C'est moins un palais qu'une petite ville, habitée par les princes et par tous ceux qui sont au service de l'empereur. Il a plus d'une lieue de circonférence. Sa façade brille de peintures, de dorures et de vernis. Les meubles et les ornements de l'intérieur offrent ce que la Chine, l'Inde et l'Europe ont de plus recherché et de plus beau. Les jardins de la maison de campagne de l'empereur, qui est située à deux lieues au nord de Peking, renferment un vaste terrain où s'élèvent, à des distances convenables, de petites montagnes séparées les unes des autres par de petites vallées arrosées de canaux. Toutes ces eaux, en se réunissant, forment des lacs et des étangs couverts de barques magnifiques, et dont les bords sont ornés de bâtiments de la plus agréable diversité. Il y a, dans chaque vallée, une maison de plaisance assez vaste pour loger le plus grand seigneur de l'Europe avec toute sa suite. On en compte plus de deux cents. On admire, au milieu d'un lac, une île de rochers sur laquelle on a construit un superbe palais qui a plus de cent appartements. Les montagnes et les collines sont plantées d'arbres qui portent des fleurs odoriférantes. Les canaux sont bordés de rochers, arrangés avec tant d'art qu'ils imitent parfaitement ce que la nature offre de sauvage et de désert. Au sommet des plus hautes montagnes de grands arbres environnent des pavillons et des kiosques destinés à la retraite.

Le trône de l'empereur à Peking est au milieu d'une salle presque carrée, d'environ 45 mètres de longueur. Il consiste dans une estrade élégante, mais sans magnificence. Lorsque le monarque veut s'y asseoir pour recevoir les hommages des princes, des grands de l'empire et des ambassadeurs étrangers, il y est porté dans une chaise par des officiers habillés d'une longue robe rouge brodée de soie et couverts d'un bonnet avec une aigrette.

Le cinquième jour du quatrième mois, l'empereur va présenter ses offrandes dans le temple du Tien, ou dieu du ciel. A la suite d'un immense cortége, précédé de tambours et de trompettes, et composé d'hommes armés de bâtons, de soldats armés de lances et de porteurs de lanternes, d'éventails et de parasols, le monarque, superbement vêtu, est porté dans une chaise découverte, qu'entourent tous les princes du sang, les premiers mandarins, tous en habits de cérémonie. Viennent à la suite de grands chariots traînés les uns par des éléphants, et d'autres par des chevaux richement harnachés; cette pompeuse marche est fermée par deux mille mandarins lettrés et par deux mille mandarins d'armes, en habits de cérémonie.

Les maisons chinoises, depuis la hutte de l'artisan jusqu'au palais du riche, sont toutes à un seul étage, construites en briques et situées au milieu d'une cour toujours entourée d'une haute muraille de pierre, de façon que de la rue on n'en peut voir que le toit. Les boutiques attenantes aux maisons sont très-rares : de grandes fenêtres, avec du papier au lieu de vitres, occupent presque toute la façade, presque toujours tournée au sud. La forme des toits des maisons

chinoises est bien comme en Europe ; ce ne sont point les toits plats des pays chauds de l'Orient, mais ils sont élevés et concaves du faîte aux bords que dépassent les murs et sont généralement relevés.

Par un enduit de vernis, on donne aux tuiles des toitures diverses nuances, jaune pour les temples, verte pour les palais et grise pour les maisons communes.

Des oisifs en très-grand nombre remplissent habituellement les rues de Peking : ici c'est un jongleur qui fixe l'attention ; là un conteur d'histoires merveilleuses ; d'un autre côté des gens crédules, comme on en rencontre partout, même dans les pays les plus civilisés, se font dire leur bonne aventure par des devins qui, traçant sur la terre avec de la craie, les koua ou caractères de Fou-hi, leur révèlent le passé le présent et l'avenir ; les bateleurs sont d'une adresse et d'une dextérité vraiment étonnante dans leurs exercices.

Les charlatans jouissent aussi d'un grand crédit auprès du peuple chinois ; il n'est pas rare d'en rencontrer par les rues, traînant à leur suite des tigres et autres animaux farouches qu'ils ont apprivoisés, et vendant leur orviétan, à l'aide de certaines jongleries et des tours d'adresse qu'ils font exécuter à leurs animaux ; leurs cheveux relevés de chaque côté de la tempe en forme de cornes, leur donnent un aspect très-bizarre.

Les théâtres sont aussi très-voisins l'un de l'autre ; on y représente presque tous les jours, depuis midi jusqu'à la nuit, des tragédies et des comédies mêlées de musique et de chant. Les rôles de femmes sont joués par des jeunes gens qui s'en acquittent si bien, qu'il n'est pas aisé d'en faire la différence. Les Chinois riches encouragent beaucoup ces établissements. La salle est divisée en parterre et en loges, où les spectateurs sont assis sur des bancs de bois, et ont devant eux des tables sur lesquelles les propriétaires font servir du thé, de qualité inférieure, il est vrai, et des papiers de cire pour allumer leurs pipes. Chaque comédien commence toujours, dès qu'il paraît

en scène, par se faire connaître des spectateurs, en leur disant son nom et le rôle qu'il va jouer. Le même acteur remplit souvent plusieurs rôles dans la même pièce. Une comédie, par exemple, est représentée par cinq comédiens, bien qu'elle contienne quinze à vingt rôles. Dans les fêtes et réjouissances publiques, on dresse des théâtres dans les rues, et du matin au soir on y représente des pièces que le peuple peut voir en payant une légère rétribution.

Les Chinois aiment les réunions nombreuses. Les promenades ne sont pas fréquentées tous les jours, mais à certaines époques elles sont encombrées de foules immenses. Hormis les réjouissances de la nouvelle année, les Chinois n'ont point de jour de repos par semaine et travaillent continuellement.

Depuis longtemps ils ont senti le besoin de ne rien perdre. Ils engraissent les vieux chiens et les mangent. Ils tiennent le chat comme un mets excellent, et l'on voit chez eux des chats énormes suspendus avec leur tête et leur queue. Dans toutes les fermes on trouve de ces animaux attachés à de petites chaînes pour être engraissés avec des restes de riz.

Le rat est encore un animal qui tient une large place dans la nourriture des Chinois; on le mange comme les viandes qui précèdent, soit frais, soit salé; ceux qu'on sale sont principalement destinés pour les jonques; et les fermiers, voyant que ce produit faisait for-

tune, ont même imaginé une manière assez ingénieuse de tirer parti de la fécondité de cet animal : ils ont des *ratiers* comme nous avons des *colombiers*; l'animal y fait son nid, y élève ses petits, et le fermier va, de temps en temps, y faire la recette des jeunes rats, comme nous faisons, dans nos colombiers, celle des jeunes pigeons.

Les nids d'hirondelles, les nerfs et les queues de cerfs, les ailerons de requins et les pattes d'ours sont les mets favoris des riches.

Nanking, ancienne capitale de la Chine, la plus grande ville de cet empire, est dans un mouvement de décadence rapide. Un grand espace, quoique toujours coupé par des chemins pavés, n'est occupé que par des jardins et des bouquets de bambous, au milieu desquels sont éparses quelques maisons. La partie habitée est située vers l'angle des montagnes et contient dans son enceinte plusieurs jardins. La tour de porcelaine est l'édifice le plus digne d'attirer les regards.

La forme en est octogone et présente neuf étages superposés et ornés de fenêtres, de balustrades, de festons en bas-relief; on y monte par 880 degrés; au sommet est une boule que l'on dit être d'or. La tour principale est blanche et les corniches sont unies. Il est probable que cette tour est tout simplement revêtue de tuiles blanches auxquelles le titre de porcelaine a été donné, soit par la vanité des Chinois, soit par l'exagération des Européens.

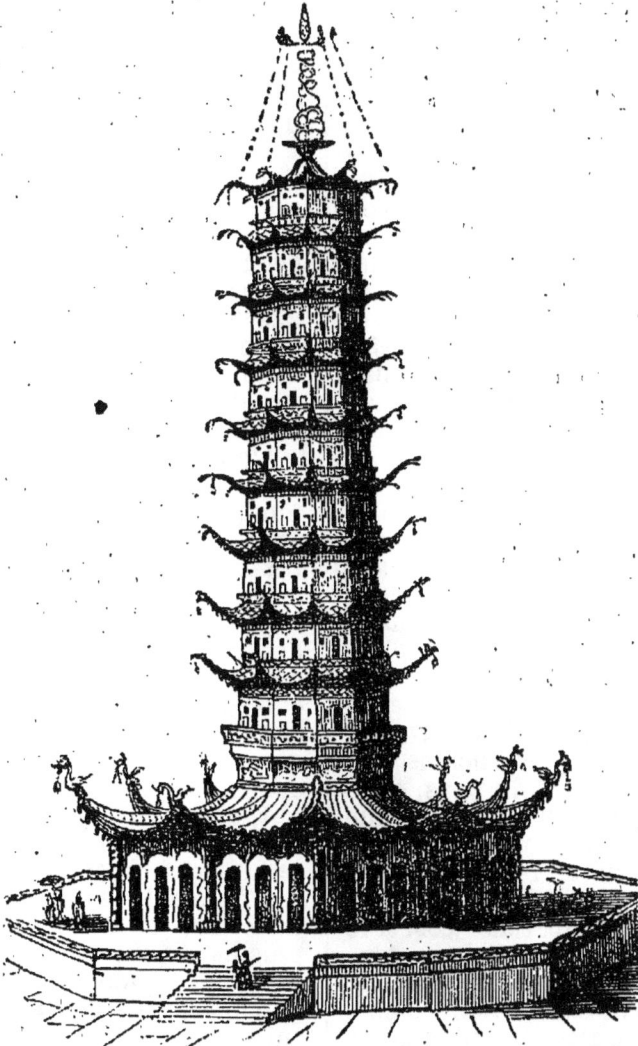

Nulle part on ne trouve autant de patriotisme et d'amour du travail que chez les Chinois ; ce sont là leurs grandes vertus : mais on peut leur reprocher la lâcheté, le libertinage, le mensonge, un trop grand amour du gain qui les porte jusqu'à vendre ou exposer leurs enfants, s'ils en ont beaucoup. Le nombre des enfants exposés est annuellement d'environ 2,000 dont la plupart sont adoptés par des familles sans postérité.

Il n'y a chez eux aucune caste

privilégiée : tous peuvent aspirer à tous les emplois, auxquels on arrive par la voie des examens. Les rangs sont uniquement fixés par le titre littéraire qu'on a obtenu et la fonction qu'on exerce. Relativement à l'estime que l'on en fait, on classe les professions dans l'ordre suivant, savoir : les lettrés, les laboureurs, les artisans et les marchands. Les richesses seules peuvent changer cet ordre fondé sur les préjugés de la nation. L'instruction est partout répandue en Chine, et la plus haute civilisation y règne depuis les temps les plus reculés ; nul pays n'a un plus grand nombre de philosophes, d'historiens, de géographes, de littérateurs, de critiques, de poëtes et enfin de lettrés dans tous les genres. Cependant dans la masse du peuple, il est peu d'individus sachant lire et écrire. On emploie en Chine trois langues distinctes : une langue savante, qui est celle des plus anciens monuments littéraires du pays, mais qui n'est plus parlée ; une langue littéraire, à l'usage des lettrés pour la composition de leurs livres, et une langue usuelle.

La famille impériale conserve dans son intimité le dialecte tartare mantchou, également en usage dans l'armée. Les Chinois possèdent d'excellents dictionnaires qui comprennent tous les signes et tous les mots de leur langue, qui a passé longtemps pour la plus difficile de toutes les langues vivantes. Mais l'écriture de figurative qu'elle était, est devenue en partie syllabique, et peint l'expression des sons comme la représentation des idées, ce qui en facilite aujourd'hui l'étude approfondie.

Les sciences et les arts sont à la Chine dans un état stationnaire, qui vient de la persuasion où ils sont d'être le plus savant peuple de la terre, et que l'esprit humain ne peut aller plus avant ; toutefois leur prévention ne les empêche point de reconnaître tacitement la supériorité des Européens en quelques parties, et même de profiter de leurs lumières.

L'année qu'ils admettent est luni-solaire, à la nouvelle lune qui tombe le plus près du jour où le soleil entre dans le 15e du Verseau. Les mois sont grands et petits, de 30 ou de 29 jours, et on intercale un mois sept fois en 19 ans. On divise l'année astronomique en 24 demi-mois ; on calcule les années et les jours au moyen de deux cycles, l'un de 10, l'autre de 12 signes, lesquels, combinés deux à deux, composent un cycle de 60, qui, dans l'usage familier, remplace la semaine ; et dans l'histoire il sert à fixer les événements, comme les siècles chez nous. L'architecture a atteint en Chine le plus haut point de perfection, surtout sous le rapport de la disposition des palais et des temples. Ils suivent la nature pour la plantation des jardins, qu'on a imités d'eux et qu'on nomme improprement *jardins anglais*. Leur musique, très-compliquée, manque d'harmonie et de mélodie.

ÉPOQUES HISTORIQUES.— Les Chi-

2

nois font remonter leur origine à des temps qu'on ne peut assigner ; mais on peut la fixer avec certitude au xxii° siècle avant notre ère, et des traditions assez authentiques, permettent de la faire remonter à l'an 2637 avant J.-C., 61° du règne de Hoang-ti. On regarde Fou-hi comme le fondateur de l'empire ; mais son règne offre beaucoup de fables. Depuis cette dynastie vingt et une autres ont régné ; mais il s'en faut de beaucoup qu'elles aient toutes possédé la Chine entière. On croit que les premiers rois n'avaient sous leur puissance que les provinces du centre et du N. O. et qu'ils ont étendu successivement leur domination aux provinces situées sur le Kiang ; et les contrées au-delà de ce fleuve, habitées par des peuples barbares, qui ont été réunies assez tard à l'empire.

Du x° au iii° siècle avant notre ère, époque des grandes migrations des nations de l'Asie, la Chine fut à son tour en proie aux invasions et divisée en plusieurs empires, qui ne furent réunis que quatre siècles plus tard par Th'sin-Chiouang-ti. Afin de pourvoir à la sûreté de son territoire, il fit construire la *grande muraille* qui sépare la Chine de la Mongolie ; mais il n'eut pas la satisfaction de voir la fin de ce travail gigantesque, qui dura 500 ans. Commencé à l'est de Péking par un massif élevé dans la mer, cet immense boulevard, terrassé et garni de briques dans sa plus grande partie, se termine à la pointe la plus occidentale de la province de Chensi. Sa hauteur est de 20 à 25 pieds, même au-dessus des montagnes qu'il franchit, bien pavé et assez large pour le passage de six cavaliers. On l'appelle le

mur de dix mille *li* (1000 lieues), mais on ne doit estimer sa longueur qu'à 400 lieues en ligne droite et à 600 en raison des sinuosités qu'il décrit. Des tours où sont placées des pièces de canon en fonte, s'élèvent d'espace en espace et les portes sont gardées par des soldats. Plusieurs parties de ces grands remparts cèdent aux efforts du temps, sans que la muraille principale cesse d'être entière. Bien qu'il ne soit guère propre qu'à arrêter les incursions de quelques nomades, tout ce que l'œil peut embrasser à la fois de ce monument fortifié, prolongé par la chaîne des montagnes et sur les sommets les plus élevés, descendant dans les plus profondes vallées, traversant des rivières par des arches, doublé, triplé en plusieurs endroits pour rendre l'accès plus difficile, tout cela présente à l'esprit l'idée d'une entreprise d'une grandeur étonnante.

Au XIIIᵉ siècle par les invasions continuelles des Tartares et des Mongols, elle subit entièrement le joug de ces derniers, qui avaient expulsé leurs rivaux et établirent sur le trône un petit-fils de Genghis-Khan. Les successeurs de ce prince ayant par leur conduite souillé le trône qu'il avait illustré, dès soulèvements partiels éclatèrent et se changèrent en une insurrection générale à la tête de laquelle se mit un simple bonze appelé *Tchou*, qui parvint à se faire nommer empereur et fonda la dynastie chinoise des Minn. Elle dura 276 ans, non sans gloire et sans nationalité.

Sous le règne du dernier de ces princes éclata une nouvelle révolution. Le chef des insurgés défit les armées impériales et investit Peking. Se voyant dans l'impossibilité de résister, l'empereur voulut sortir de son palais avec 600 gardes, mais il s'en vit abandonné. Alors, perdant tout espoir et préférant la mort à la honte de tomber vivant entre les mains des rebelles, il écrivit sur le bord de sa robe : *Mes sujets m'ont trahi, fais de moi ce qu'il te plaira, mais épargne mon peuple.* Puis d'un coup de sabre il fit tomber sa fille à ses pieds et alla se pendre à un arbre.

L'usurpateur ne jouit pas longtemps de son triomphe. Le plus considérable des généraux refusa de reconnaître son autorité et appela à son aide les Tartares-Mantchoux. Ceux-ci, commandés par Tien-Tsong, se réunirent à son armée, s'emparèrent de la capitale de l'empire et étranglèrent l'empereur. Le fils de Tien-Tsong devint, sous le nom de Chouen-Tché, le premier souverain de la dynastie encore régnante. Deux de ces empereurs ont fait reprendre à la Chine son ancien rang de splendeur.

Elle leur a dû le traité qui fixe les limites des deux empires de Russie et de la Chine, et la soumission de la Tartarie occidentale, de la petite Boutkharie et du Thibet qui en fut la suite.

LACOSTE.

ARMÉE CHINOISE. — La force militaire des Chinois mérite à peine d'être citée. Elle se divise en quatre grands corps, selon la différence des nations : le premier, de 67,800 hommes, composé de Tartares-Mantchoux ; le second de 21,000 Mongols ; le troisième, de 27,000 Chinois, dont les aïeux se sont associés aux Mantchoux, dans la conquête du pays ; enfin le quatrième et le moins considéré se compose de 500,000 hommes de Chinois et 125,000 de milices aborigènes, ce qui donne un effectif de 7 à 800 mille hommes, non compris une cavalerie mongole qui, par son organisation et par la nature de son service, pouvait être assimilée aux troupes russes irrégulières. Il n'est pas d'armée qui se recrute aussi facilement que la Chinoise ; on accourt en foule sous les drapeaux, pour y trouver un refuge contre la misère et la faim. Malgré les sommes énormes que coûte l'entretien de ces troupes (600 millions de francs au moins), il serait difficile de concevoir le degré de décadence où l'esprit et la discipline militaire sont tombés parmi les Chinois. Il n'y a en Chine aucune forteresse proprement dite. Presque toutes les villes sont entourées de remparts en terre revêtus de briques et flanqués de tours, et quant aux canons qui les garnissent, il est moins dangereux de se trouver devant eux que derrière.

Il n'y a pas longtemps que l'Empereur, ayant entendu parler des armes à feu des barbares de l'Ouest, manifesta le désir de les connaître. On lui procura quelques fusils à percussion et des capsules. Quand l'empereur les vit, il dit : « Je ne saurais être plus sage que mes ancêtres, » et il ne voulut pas entendre parler d'armes perfectionnées.

Voici comment ils se servent de leurs fusils : un homme place le bout du canon sur son épaule, tandis qu'un autre homme met le feu au moyen d'une mèche.

La marine militaire se compose d'environ 2,000 jonques.

MISSIONNAIRES CATHOLIQUES. — Les apôtres catholiques n'ont pas plus manqué en Chine et au Japon que dans les Indes et dans le Nouveau-Monde. Leur première apparition dans le céleste empire date de l'an 635. Ils furent proscrits en 845, à l'instigation des bonzes. D'autres chrétiens pénétrèrent en Chine en 1272, et depuis longtemps les Russes ont à Péking une espèce de séminaire grec. En 1552, saint François-Xavier se disposait à porter le christianisme dans la Chine,

lorsqu'il mourut dans l'île de Chen-Tchuen-Cham. Le père Ricci, le premier missionnaire qui pénétra en Chine, arriva à Péking en 1582, et beaucoup d'autres y vinrent après lui. Ils rendirent de grands services aux empereurs, aux astronomes, aux mathématiciens, etc. Les mahométans de la province de Chan-Si s'étant révoltés, ils furent cruellement réprimés et la persécution s'étendit aux missionnaires (1784). Cependant ils ont continué de circuler dans presque tout l'empire, sans trop de difficulté.

ÉVÉNEMENTS

QUI ONT PRÉCÉDÉ LA GUERRE EN 1860

Un mot sur l'empereur régnant actuellement en Chine. — La guerre de l'opium. — Traité de Houang-Pou. — Convention avec la France en 1844. — Un triste début de règne. — L'insurrection du Kouang-Si. — Une situation tendue.

L'empereur actuel de la Chine, Hien-Foung, est monté sur le trône en 1850, à l'âge de 19 ans. Il a succédé à Miang-Ning, auquel on avait donné le surnom de *Tao-Kouang*, expression qui, en langue chinoise, veut dire *splendeur de la raison*. Hien-Foung est le septième empereur de la dynastie régnante ou dynastie tartare mandchoue.

Tao-Kouang était un homme d'un certain mérite. Ce fut sous son règne qu'eut lieu entre l'Angleterre et la Chine une guerre ayant pour cause les empêchements mis par l'empereur aux importations de l'opium anglais, qui, disait-il, empoisonnait ses sujets.

La guerre entre l'Angleterre et la Chine aboutit, en 1842, à la conclusion d'un traité, dit traité de Houang-Pou, qui, plaçant à certains égards les *barbares* de l'Occident (les Européens) sur le même pied que les sujets du *royaume du Milieu* (la Chine), leur ouvrait certains ports, leur accordait des garanties pour leur commerce et leur personne, et créait les premiers éléments d'un droit international jusqu'alors inconnu en Chine.

Par une convention conclue en 1844, la France s'assura le bénéfice de ces diverses clauses, et, de plus, elle obtint que l'empereur rendît un édit qui révoquait les peines portées contre les Chinois chrétiens.

Les Européens avaient donc, sous certains rapports, à se louer de Tao-Kouang. Malheureusement, lorsque ce monarque eut cessé de vivre, son fils, Hien-Foung, se montra imbu des idées rétrogrades. Il renvoya tous les ministres qui avaient porté avec honneur et capacité le poids des affaires ; rompant violemment avec la politique conciliatrice de son père, il garda vis-à-vis des étrangers, des *barbares*, comme disent les Chinois, une attitude hostile. Ainsi, au commencement de ce règne les relations de la Chine avec l'Europe s'établissaient d'une manière très-défavorable et, quoique le nom du nouveau monarque signifiât *complète abondance*, on ne prévoyait que malheurs et calamités.

Ces tristes présages ne tardent pas à se réaliser. En 1850, une formidable insurrection éclate dans la province de Kouang-Si. A son début, elle réunit près de 50,000 hommes. Elle a pour but apparent d'anéantir le gouvernement des Tartares, qui, à la suite de la grande invasion, sont devenus maîtres de la Chine, et de remplacer l'empereur d'origine tartare par un prince véritablement chinois. Ce but très-patriotique fascine et attire vers l'armée insurrectionnelle un grand nombre d'individus.

Le premier chef de la révolte, connu sous le titre de *Tienn-Té* (vertu céleste), fut, à la suite de plusieurs batailles, pris par les impériaux et exécuté à Péking. On le remplaça par *Taï-Ping-Wang* (roi de paix éternelle).

Ce chef très-habile induisit en erreur la plus grande partie des résidents étrangers de Shang Haï et s'assura de leur neutralité. Il parvint en mars 1853 à s'emparer de Nanking et y égorgea 20,000 individus sous prétexte de leur origine tartare mandchoue. L'empereur n'était pas en reste de cruauté; il avait rappelé au pouvoir des hommes exilés pour leur caractère féroce; partout le sang coulait, les bûchers s'allumaient. Les provinces ravagées, comptant plus de 60 millions d'habitants, n'offraient que des ruines fumantes, et les malheureuses familles avaient autant à redouter les troupes de l'empereur que celles des rebelles.

Le commerce souffrait. Les relations avec l'étranger s'envenimaient. Le gouvernement impérial reprochait aux Anglais de vendre des armes et de la poudre aux rebelles. Les négociants de cette nation qui pénétraient par curiosité, suivant une tolérance admise jusqu'alors, dans la partie tartare de la ville de Canton, étaient insultés, menacés. On ne s'en tint pas là; des assassinats furent commis en grand nombre par des paysans sur des promeneurs inoffensifs. Les autorités locales fermaient les yeux sur ces crimes et, malgré d'énergiques réclamations, les coupables échappaient à toute pénalité.

Les Français n'avaient pas en Chine des intérêts commerciaux aussi importants que ceux de l'Angleterre, qui vendait annuellement dans ce pays pour 75 millions d'opium qu'elle tirait de ses possessions des Indes. Les discussions, souvent fort vives qui s'élevaient entre eux et les mandarins avaient pour objet l'exercice de la religion chrétienne et l'inviolabilité des missionnaires faisant dans l'intérieur de l'Empire du Milieu de la propagande religieuse.

Nous avons dit que par une clause de la convention de 1844, la France avait obtenu de l'empereur un édit révoquant les peines portées contre les Chinois chrétiens. Mais cet édit n'autorisait pas le libre exercice de la religion chrétienne, et ceux qui la professaient étaient toujours persécutés. De plus, l'édit de 1844, étant un acte émané directement de l'empereur, un acte adressé à ses sujets, les étrangers ne pouvaient en réclamer la complète exécution sans s'immiscer dans les affaires intérieures du

Céleste Empire ; l'édit était très-mal exécuté et on donnait d'autant plus d'activité à la persécution que l'on savait blesser par là les Français à qui l'on en voulait de ce que, contrairement à leur conduite antérieure, ils se rapprochaient des Anglais et agissaient de concert avec eux. La situation était extrêmement tendue et le moindre incident un peu grave devait amener une rupture. Cet incident ne tarda pas à se produire.

Un missionnaire francais, nommé Auguste Chapdelaine, fut arrêté en juin 1856. On l'accusait d'être un émissaires des rebelles, accusation dénuée de toute espèce de fondement. Après un simulacre de jugement sans aucune forme légale, il fut exécuté sur une place publique, où il eut à subir d'horribles tortures qui se terminèrent par la décollation. Avec lui périrent plusieurs individus qu'il avait convertis au christianisme. Cette exécution était une violation manifeste au traité de 1842, au traité de Kouang-Pou, dont l'article 23 portait que si des Français pénétraient sans autorisation dans la partie du pays interdite aux étrangers, l'autorité chinoise pouvait les arrêter, mais à la condition expresse de les faire conduire au consulat du port français le plus voisin, et que, en aucun cas, un Français ne pourrait être blessé, frappé ou maltraité, de peur que la bonne harmonie entre les deux empires ne fût par là même compromise.

Des réclamations furent faites auprès du commissaire impérial pour les relations étrangères, Yeh-ming-Chen, ayant le titre de vice-roi, dont l'orgueil égalait la cruauté ; il refusa dédaigneusement toute réparation, et le représentant français comprit que, pour obtenir justice, il faudrait nécessairement recourir à la force.

L'Angleterre se proposait aussi à user de violence envers la Chine ; mais le motif qui l'y portait paraissait moins légitime. Une *lorcha*, sorte de grande barque pontée appartenant à des Chinois, avait obtenu jadis, à Hong-Kong, sous le nom d'*Arrow*, une patente l'autorisant à naviguer avec le pavillon britannique. Elle en avait profité pour se livrer à la piraterie et, parmi d'autres méfaits nombreux, avait massacré l'équipage d'un bâtiment portugais. Cette lorcha étant venue mouiller dans la rivière de Canton, près des factoreries européennes, le vice-roi Yeh, résidant à Canton, le sut aussitôt et envoya un fort détachement de police qui s'empara des pirates chinois au nombre de douze, ne laissant à bord qu'un patron anglais, homme sans consistance, qui ne servait qu'à hisser au besoin le pavillon de la Grande-Bretagne.

A cette époque, le consulat anglais à Canton était occupé d'une façon intérimaire par un jeune homme nommé Parkes, rempli d'ardeur et animé du désir de se distinguer d'une façon quelconque. Dès qu'il eut connaissance du fait, il se rendit à bord de l'*Arrow* et chercha querelle aux officiers constitués gardiens de la lorcha, qui, exaspérés, finirent par le frapper. C'était ce qu'il voulait. Il écrivit aussitôt deux dépêches violentes, l'une au vice-roi Yeh, pour lui demander, au nom de l'Angleterre, une réparation immédiate; l'autre à sir John Bowring, ministre plénipotentiaire de S. M. B., pour lui signaler ce qui s'était passé à bord de l'*Arrow*, en déclarant que l'on avait amené le pavillon anglais flottant à bord, ce qui était une grave insulte à la nation britannique. Le vice-roi Yeh répondit qu'en arrêtant des pirates, voleurs et meurtriers, la police n'avait fait que son devoir; et que lors de l'arrestation, l'*Arrow* n'avait pas à son mât le pavillon anglais. La réponse de sir Bowring à M. Parkes contenait ces mots caractéristiques: « En réalité, l'*Arrow* n'avait aucun droit de hisser le pavillon de la Grande-Bretagne; la patente qu'on lui avait jadis accordée avait pris fin le 27 septembre et, à partir de cette époque, il ne pouvait réclamer aucune protection des autorités anglaises. »

Repoussé de ce côté, Parkes eut recours au contre-amiral Seymour, revenant de l'expédition de Crimée et fort désireux de conquérir une gloire nouvelle. L'amiral consentit à se charger de l'affaire.

L'amiral explique dans son rapport les mesures qu'il ordonna pour attaquer la ville de Canton. Il raconte la rapidité avec laquelle les bâtiments qu'il avait fait avancer parvinrent à s'emparer de plusieurs forts défendus, armés de 150

canons de tout calibre, depuis le 36 jusqu'au 4. Les forts furent incendiés et les canons encloués.

Les journées du 24 et du 25 octobre se passèrent ainsi. Le 26, l'amiral Seymour fit signifier qu'il allait reprendre l'offensive puisque, malgré les pertes essuyées par le vice-roi de Canton, celui-ci persistait à lui refuser toute satisfaction.

Après avoir fait prévenir les habitants d'enlever leurs marchandises et de s'éloigner, l'amiral ouvrit un feu très-vif sur les fortifications de la ville. Dans le faubourg ouest, habité par les négociants du Fo-Kien, s'alluma un incendie qui en 24 heures détruisit 3 à 4,000 maisons et magasins remplis de marchandises de toute nature. Les gros canons firent une brèche dans la muraille et permirent d'établir une batterie qui canonna le palais du vice-roi et ne tarda pas à le détruire. Les Chinois se reformèrent et organisèrent une défense formidable; mais ils ne purent empêcher l'amiral d'ordonner l'assaut, qui fut exécuté avec beaucoup d'élan par les équipages. Son premier soin fut de protéger les factoreries ainsi que tous les Européens habitant Canton.

Après avoir ainsi triomphé, l'amiral pensa que Yeh vaincu serait plus traitable. Il lui envoya donc une dépêche, non pour lui parler de l'affaire de la lorcha au sujet de laquelle les Anglais finissaient par éprouver des scrupules, mais pour lui demander l'admission des étrangers dans la ville murée. Sur cette question, le vice-roi resta tout aussi inflexible que sur l'autre. Les hostilités continuèrent donc; on eut avec les jonques de fréquentes escarmouches; la rivière de Canton fut rigoureusement bloquée. Mais le peu de forces dont les Anglais disposaient en Chine les empêchait d'entreprendre rien de décisif

En 1857, des pourparlers eurent lieu entre l'Angleterre et la France, qui avait à venger la mort de ses missionnaires; elles aboutirent à un arrangement par suite duquel chacune des deux nations prépara une expédition navale. Ces expéditions devaient agir de concert contre la Chine.

Vers la fin de 1857, l'insurrection de l'Inde s'étant un peu apaisée, il fut possible aux Anglais de retirer de ce pays quelques-uns de leurs soldats pour augmenter les forces de leur corps d'expédition de Chine. De son côté l'escadre française s'accroissait chaque jour par des arrivages nouveaux. Un diplomate, le baron Gros, chargé de négocier au besoin, avec pleins pouvoirs, au nom de Napoléon III, débarqua à Hong-Kong et s'entendit avec lord Elgin, envoyé comme plénipotentiaire par la reine Victoria. Deux dépêches furent simultanément envoyées au vice-roi de Canton. Elles contenaient un ultimatum et annonçaient que si, dans un délai déterminé, satisfaction pleine et entière n'était pas donnée aux deux grandes puissances, les hostilités commenceraient.

Le 25 décembre, jour de Noël, Yeh rendit sa réponse. C'était une de ces mystifications comme savent les confectionner les Chinois, experts dans l'art d'éluder toutes les questions. On ne s'en contenta pas, et le vice-roi fut sommé d'avoir à faire connaître au bout de 48 heures, délai de rigueur, ses intentions d'une manière claire et positive. En même temps des proclamations furent adressées aux habitants de Canton pour leur faire connaître que Yeh ayant rejeté les propositions de la France et de l'Angleterre, si la ville ne se rendait pas dans deux jours, elle serait bombardée et prise. Ce délai était nécessaire pour faire les préparatifs du bombardement.

Le 27, dès le point du jour, les lunettes se braquaient de tous les vaisseaux anglais et français vers le bateau vert, que l'on avait nommé *bateau de Houqua*, et qui protégé par le drapeau blanc, avait porté d'un bord à l'autre tous les messagers. Le bateau et le drapeau étaient toujours là, mais immobiles. Bientôt après la canonnade commence et le premier mortier éclate sur le fort Gough, protégeant la porte orientale de la ville de Canton, qui contient un million d'habitants. La canonnade continue. Point d'empressement, point de bordée, point d'excitation. Chaque pièce est pointée avec le plus grand sang-froid, afin de toucher les murs et d'éviter d'atteindre les habitations. C'est en vain que les mortiers cherchent à frapper les forts sur la montagne. Les bombes et les boulets ne peuvent y arriver. La matinée se passe à ce feu fatigant, et cependant point de signe de reddition. Les Chinois ont l'air des'y habituer Les *sampans*, canots de plaisir, et même les bateaux chargés se promènent sur le fleuve comme dans les jours ordinaires. Une foule d'habitants stationnent sur le bord et battent des mains lorsqu'ils entendent les boulets passer en sifflant sur leurs têtes; les grands cerfs-volants, que les Chinois affectionnent, ont reparu et se jouent dans l'air au-dessus de la fumée.

Les dispositions sont changées; les canonnières quittent leurs retraites, embarquent les troupes et s'élancent à grande vitesse vers le quai. On débarque. Le général et son état-major s'avancent sur le fort Lyn.

Le mardi 28, le général s'approche tellement près du fort qu'on peut croire celui-ci abandonné. Il dispose l'artillerie à gauche, et l'infanterie de marine marche dans le village à droite du fort. Ce mouvement fait disparaître les nattes qui avaient recouvert un bâtiment carré, et un feu très-nourri montre que le fort était bien occupé.

Les tirailleurs à carabines rayées font feu roulant sur les défenseurs des murailles. Néanmoins le tir des Chinois continue jusqu'à l'arrivée de la grosse artillerie, qui abat les murs de droite et de gauche comme un château de cartes. Une attaque est alors organisée; mais les Chinois en avaient assez et, après une décharge générale sur les colonnes qui s'avançaient, ils se retirent de la manière la plus mystérieuse. On les voit monter

précipitamment et en désordre la côte du fort Gough. Deux minutes après, les drapeaux de la France et de l'Angleterre flottaient sur les murs.

Le fort Lyn était depuis une heure à peine en la possession des troupes alliées, quand il sauta avec un bruit terrible. Les troupes se mirent en mouvement pour monter la colline d'un côté et descendre de l'autre. Une vive fusillade et des congrèves furent dirigés sur ce point pendant plusieurs heures. De ce côté, la lutte fut obstinée jusqu'au coucher du soleil.

Enfin arriva la nuit. Les vaisseaux cessèrent presque entièrement leur feu; mais Canton ressemblait à une fournaise. Les flammes se montraient plus ardentes vers l'angle, au nord-est de la cité. Là se trouvait une porte surmontée d'un corps de garde couvert d'un de ces toits pointus et grotesques qui font le bonheur des Chinois. Les boulets furent vomis contre ce bâtiment : il ne fut bientôt qu'un vaste brasier à travers lequel se dessinaient le toit, les poutres et les murs. Une grêle de fusées à la Congrève put conduire l'incendie tout le long des murs de la ville, et, dans un très-court espace de temps, la colonne de feu s'élança vers le ciel, puis se calma pour ne devenir qu'une colonne d'épaisse fumée.

Tandis que ce feu dévorait tout, les congrèves vengeurs décrivirent un cercle nouveau. Ils s'élancèrent brutalement, au clair de lune, sur trois endroits différents qui devaient être le but de l'attaque le lendemain. Partout où descendaient ces terribles congrèves, une flamme incendiaire s'élevait vers le ciel.

Le 29, un assaut général fut donné. On prit successivement les divers forts et la ligne des fortifications. Restait le Gough, faisant un feu d'enfer qui, bien dirigé, eut balayé la mer en dix minutes. Sur les murs de la ville et protégés par les créneaux, les soldats français passent sans encombre, le feu meurtrier du Gough à leur droite, ets'avancent sur une batterie blanche, neuve et reluisante, qui vient d'être construite, hérissée de canons et appuyée à un coude du rocher sur lequel la grande pagode se dessine encore fière et intacte. Si les assaillants eussent été à distance, ce canon les eût bien vite dispersés. Mais, avec des cris joyeux, le détachement apparaît au pied même de la terrible batterie. Il n'y a plus moyen qu'elle fasse le moindre mal. Les soldats gravissent le mur par masses compactes ; ils descendent dans le fossé, puis remontent sans répondre au feu des défenseurs, qui tirent de tout leur pouvoir.

Encore un moment, et vivat ! voilà les deux grandes banderoles qui flottent enfin sur le mur pour annoncer que la clef de Canton est dans la poche de l'Europe.

Etat de la ville de Canton au moment de son occupation par les forces alliées. — Arrestation du vice-roi Yeh. — Mesures prises pour assurer la tranquillité et l'approvisionnement de la ville. — Essais infructueux de négociation. — L'expédition anglo-française met à la voile pour le nord de la Chine. — Attaque et prise des forts de Peï-Ho.

Les opérations avaient été conduites en vue d'épargner autant que possible tout sacrifice de vie ou de biens. 1,500 hommes de troupes de débarquement, parmi lesquels on comptait mille hommes du corps expéditionnaire français, s'étaient emparés de vive force d'une ville entourée d'une enceinte fortifiée, garnie d'artillerie, contenant, comme nous l'avons dit, plus d'un million d'habitants et contre laquelle, en 1841, avait échoué une attaque des forces anglaises beaucoup plus nombreuses, commandées par sir Hugh Gough, qui avait laissé son nom au fort dont il vient d'être question.

Après la prise de Canton, le consul anglais Parkes, qui avait conservé un vif ressentiment contre le vice-roi Yeh, se mit à sa recherche et finit par le trouver, caché sous un déguisement de matelot, dans une maison où il le fit arrêter. Le général chinois et lieutenant-gouverneur de Canton avaient été également mis en arrestation. Tous furent envoyés à bord du vaisseau britannique *l'Inflexible*.

Il s'agissait de maintenir l'ordre dans la ville, et ce n'était pas une mince affaire. Canton, en effet, est le principal entrepôt du commerce intérieur de la Chine. Le mouvement des échanges s'y élève chaque année, sans compter le trafic illicite de l'opium, à plus de 200 millions de francs, et, malgré l'ouverture des ports du Nord, cette ville est demeurée le rendez-vous et le point de concentration des navires qui fréquentent les mers de la Chine.

Les plénipotentiaires, reconnaissant qu'ils ne pouvaient se passer d'autorités chinoises, nommèrent solennellement vice-roi, à la place de Yeh, le mandarin Pih-kwey. Dès que ce mandarin fut reconnu, il fit venir les chefs des différents services, réclama leur concours et leur déclara qu'il prenait auprès de sa cour la responsabilité de sa conduite. Ceux-ci se concertèrent longuement et, au bout de trois jours, firent une réponse affirmative. On prit des précautions pour maintenir la tranquillité, pour empêcher les incendies ordinairement si fréquents à Canton, et l'on assura l'approvisionnement de la ville.

Les choses ainsi arrangées, Pih-kwey envoya à la cour de Peking un récit des événements, qu'il disposa à sa manière. D'après cette dépêche l'empereur rendit un édit sacré par lequel Yeh fut destitué.

En attendant un titulaire définitif, l'intérim des doubles fonctions de vice-roi et de commissaire impérial fut confié à Pih kwey. Il témoigna le désir de commencer des négociations au nom de son souverain. Les difficultés que l'on rencontra dans ces négociations, par suite de la mauvaise foi des Chinois, firent comprendre que le différend ne pourrait se vider utilement qu'à Peking même et qu'on serait sans doute dans l'obligation de faire encore parler le canon.

Vers le commencement de mars 1858, la flotte combinée, composée de 25 navires de guerre, dont 15 anglais et 10 français, se trouvait réunie dans le golfe du Petchéli, devant l'embouchure du fleuve Peï-Ho. A l'expédition s'étaient joints trois vaisseaux américains et une frégate russe. Sur ces navires se trouvaient l'amiral Poutiatine, ministre de Russie, et M. Reed, ministre des Etats-Unis, qui, en bonne relation avec les Chinois, voulaient s'efforcer d'amener un arrangement avant que la lutte s'engageât. Malgré la sollicitation des mandarins, dépourvus de pouvoirs compétents, les plénipotentiaires d'Angleterre et de France refusèrent d'entrer en rapport avec eux. Ils firent parvenir à Peking un ultimatum pour sommer le cabinet chinois d'envoyer au-devant d'eux, dans un délai de six jours, un commissaire muni de pleins pouvoirs, à l'effet de trancher le différend existant. Ils déclarèrent que, le délai expiré, les troupes alliées occuperaient les forts de Peï-

Ho et porteraient le fer et la flamme jusque dans la capitale de l'empire.

Le 19 mars, Tan, vice-roi du Petchéli, se prétendant envoyé de la cour et muni de pouvoirs suffisants, se rendit au village de Takou et eut une entrevue avec l'amiral Poutiatine, ministre de Russie, qui remplissait un office de médiation. Tan n'avait d'autre but que d'amuser les alliés et de traîner les choses en longueur. Le 18 avril, la réponse officielle arriva de Peking; elle était peu satisfaisante et rédigée d'ailleurs en termes très-acerbes. L'empereur refusait toutes les satisfactions demandées sauf une indemnité en argent dont il ajournait le règlement à une époque ultérieure.

Ne voulant cependant repousser aucune des chances qui pouvaient s'offrir encore, les commissaires de France et d'Angleterre consentirent à accorder de nouveaux délais, qui se prolongèrent jusqu'au 12 mai et qui donnaient à la cour de Peking tout le temps de peser les déterminations qu'elle allait prendre. Ils n'obtinrent qu'une réponse évasive équivalant à un nouveau refus. Une pareille situation ne pouvait durer plus longtemps. Après s'être concertés avec les amiraux, les plénipotentiaires adressèrent, le 20 mai au matin, au gouverneur général du Tchéli une communication portant qu'ils avaient pris la résolution de s'avancer vers la capitale pour traiter directement avec le gouvernement chinois. Ils ajoutaient que les amiraux commandant les forces navales de France et d'Angleterre étaient dans l'obli-

gation, pour garantir la sécurité des représentants des deux puissances, d'exiger que le commissaire impérial leur remît les forts des deux rives du Peï-Ho ainsi que la batterie qui se trouvait au coude de la rivière. Si dans deux heures, les forts n'étaient pas remis aux amiraux, ils seraient attaqués et pris.

La sommation fut remise à huit heures. A dix heures précises, aucune réponse n'ayant été reçue, la canonnière anglaise le *Slaney* hissait à son mât d'artimon les pavillons de commandement des deux amiraux Rigault de Genouilly et Seymour. Devant diriger en commun l'action dans toutes ses phases, ils avaient pensé qu'il y avait tout avantage à ce qu'ils fussent sur le même navire. L'apparition des deux pavillons réunis était d'ailleurs le signal aux canonnières désignées pour l'attaque des forts de se mettre en mouvement. Il fut exécuté sur-le-champ. Le *Cormoran* prit la tête, la *Mitraille* le suivit, puis vint la *Fusée*. Ces trois bâtimens étaient chargés d'attaquer les forts de la rive nord. L'*Avalanche* conduisait la ligne d'attaque des forts du sud; elle était suivie par la *Dragonne*, puis par le *Nemrod*; ensuite venait le *Slaney* qu'accompagnaient dans un ordre déterminé les canonnières britanniques de second ordre portant les corps de débarquement et traînant à la remorque les embarcations des deux escadres.

A peine le *Cormoran* s'était-il mis en marche que les batteries chinoises ouvrirent le feu sur toute la ligne de défense du sud. On avait à défiler devant tous ces ouvrages à une distance qui se rapprochait successivement jusqu'au point désigné pour l'attaque. A mesure que la distance diminuait, le feu de l'ennemi devenait plus vif. Aux boulets lancés par les pièces de gros calibre, ses *gingalis* ajoutaient une pluie de mitraille et de balles qui hachaient les gréements et la mâture. La canonnière *la Mitraille* fut littéralement criblée par ces projectiles.

Tous les navires alliés étant en marche et la brise donnant assez pour chasser la fumée et laisser voir les amers des routes à suivre, le pavillon jaune *Commencez le feu* se hissa au grand mât du *Slaney* et fut suivi par une décharge de toute l'artillerie alliée. Lorsque les canonnières serraient la distance aux batteries ennemies, les hommes armés de carabines placés dans les hunes, joignaient leur tir à celui des canons avec une précision fatale aux canonniers chinois. Ceux-ci cependant tenaient bon sous cette tempête de boulets, d'obus et de mitraille. Les ouvrages se démolissaient à vue d'œil sous les terribles projectiles des canons rayés, les canons ennemis, étaient culbutés, mais les Chinois ripostaient des pièces encore debout. Leur ténacité au feu était très remarquable. Ces troupes réunies au nombre de 8,000 hommes appartenaient à la garde de l'empereur de la Chine. Ouvert à dix heures, le feu des bâtiments se prolongea, du côté du sud, jusqu'à onze heures vingt minutes. Les batteries du nord, moins énergiquement défendues, avaient été éteintes sur les onze heures. C'est à cette heure que fut lancée la colonne d'attaque destinée à les faire évacuer et à enclouer les canons. L'ennemi prit la fuite devant les compagnies de débarquement.

Du côté sud, les troupes furent jetées à terre à onze heures et demie; les deux amiraux suivirent cette colonne d'attaque. On enfonçait dans la vase jusqu'aux genoux; cet obstacle n'arrêta pas l'élan des soldats qui, à peine formés en pelotons. se précipitaient sur l'ennemi partout où il apparaissait.

A midi toute la ligne des forts était au pouvoir des alliés et les drapeaux de la France et de l'Angleterre avaient remplacé les étendards impériaux. Pendant cette attaque, un corps de cavaliers tartares de 400 hommes était sorti du village de Takou et s'était formé pour charger les tirailleurs; quelques balles de carabines bien dirigées abattirent hommes et chevaux et firent faire volte face à cette cavalerie qu'on ne revit plus. Les Chinois avaient préparé un grand nombre de brûlots chargés de paille, qui descendaient sur les canonnières alliées au moment de l'action. Quelques coups à obus et à mitraille firent abandonner ces brûlots de leurs conducteurs et un retour du courant échoua sur la vase ces redoutables engins.

Les pertes des équipages français eussent été faibles sans un accident funeste: une poudrière éclat dans le fort du Nord que ces troupes venaient d'occuper. Plusieurs soldats furent ensevelis sous les décombres. D'autres, en plus grand nombre, furent horriblement brûlés.

Quelques canonnières anglaises et françaises avaient été poussées en avant dans la rivière. Les batteries situées au coude avaient été réduites et le capitaine Nicholson, avec son corps de débarquement, les avait démantelées. Le *Slaney* vint s'arrêter à l'extrémité du village de Takou, devant une estacade de plusieurs lignes de jonques amarrées avec chaînes; on résolut de conserver cette estacade comme une ligne de protection contre les brûlots qui pouvaient être lancés du haut de la rivière. La garde en fut confiée à la *Fusée* et à la *Dragonne*, de concert avec deux canonnières anglaises. D'autres canonnières placées au coude où se trouvaient les batteries chinoises formaient une ligne de communication jusqu'aux canonnières assurant la garde des forts.

Conclusion du traité de Tien-Tsin. — Cérémonies qui accompagnent sa signature. — De nouveaux plénipotentiaires se dirigent vers Peking pour l'échange des ratifications. — Le passage leur est refusé. — On essaie en vain de le forcer. — Echec subi par l'expédition.

Le jour qui suivit la prise des forts de Peï-Ho, on apprit que toute les troupes impériales étaient en retraite sur Tien-Tsin; un mandarin inférieur, qui se présenta en parlementaire, annonça à l'amiral Rigault de Genouilly que les commissaires impériaux s'étaient arrêtés à un village situé à 12 kilomètres de Ta-kou, qu'ils avaient fait connaître à Peking la prise des forts, et demandé des ordres pour traiter de nouveau de la paix.

Les amiraux résolurent d'ouvrir l'estacade et de pousser une pointe en rivière, de manière à faire perdre aux mandarins toute pensée de reprendre les moyens dilatoires dont ils avaient usé jusqu'à ce jour.

Après avoir fait un trajet de cent kilomètres, et avoir bombardé un petit fort qui avait essayé de lui barrer le passage, la flottille alliée arriva le 25 mai à Tien-Tsin, ville située entre la grande mer et la capitale, comptant plus de 300,000 habitants et faisant un grand commerce. Les autorités avaient pris la fuite. Les troupes entrèrent sans coup férir dans la ville, où elles furent bien reçues par le peuple. Avis en fut donné aux plénipotentiaires, lord Elgin et le baron Gros, restés à Ta kou;et qui se rendirent sans obstacle le 29 mai à Tien-Tsin..

La cour de Peking avait compris enfin qu'il était urgent d'arrêter la course rapide des *barbares* vers la capitale, et avait envoyé des plénipotentiaires dûment accrédités. Ces négociateurs, étaient Koueï-Lang, premier ministre d'État, et Hoa-Cha-Cra, ministre de l'intérieur. Après des négociations entremêlées de discussions assez vives, un traité de commerce et de navigation fut signé, le 27 juin au soir, entre les plénipotentiaires de France et de Chine.

Par le traité de Tien-Tsin tous les ports importants du littoral chinois, de même que les grandes voies intérieures de communication, étaient ouverts à notre navigation et à notre commerce. Nos nationaux qui, aux termes de la convention de 1844, n'avaient accès que dans cinq ports, pouvaient désormais, munis de passe-ports, parcourir sans obstacle toutes les parties de la Chine.

Ce n'était plus seulement grâce à un édit spontané du souverain que les Chinois chrétiens cessaient d'avoir à redouter les persécutions des mandarins, c'est en vertu de stipulations conventionnelles abolissant la législation qui proscrivait la doctrine chrétienne et permettant aux missionnaires de circuler librement dans l'intérieur de l'empire pour la répandre parmi les Chinois.

Le vice-roi de Canton n'était plus l'intermédiaire obligé de nos communications; le représentant de la France pouvait traiter directement avec le cabinet de Peking, et il obtenait, à cet effet, droit de résidence dans cette capitale.

Le commerce recevait de nouveaux développements à la faveur du droit acquis désormais aux négociants d'acheter directement et sans intermédiaire les marchandises sur le lieu même de production. Une révision nouvelle des tarifs devait harmoniser les droits de douane avec les variations de prix. Les marchandises n'auraient plus à subir les surtaxes arbitraires dont les mandarins provinciaux les frappaient au passage ; le gouvernement publierait une taxe de transit uniforme. Le droit de tonnage serait également abaissé. Des mesures seraient prises pour la destruction de la piraterie entravant la navigation commerciale. Enfin, le gouvernement chinois s'engageait à payer à la France, quinze millions de francs, tant en réparation des dommages éprouvés par les négociants français, qu'en compensation des frais occasionnés par la guerre.

Des traités furent également conclus par les commissaires chinois avec les représentants de l'Angleterre, des États Unis et de la Russie. L'approbation de l'empereur ayant été donnée à ces traités, le 3 juillet, le départ de la flottille anglo-française fut arrêté. Les plénipotentiaires convinrent avec les commissaires impériaux, qu'ils se réuniraient de nouveau à Shang-Haï, dans le courant d'octobre, pour s'entendre sur la réforme du tarif des douanes. Dans l'intervalle, lord Elgin et le baron Gros se rendirent au Japon et y conclurent des traités analogues à ceux que les Russes et les Américains avaient déjà obtenus de cet Etat. Aussitôt après, le baron Gros partit pour la Cochinchine, tandis que lord Elgin, après un voyage d'exploration, se rendit à Canton, et prit part, en janvier 1859, à des expéditions contre plusieurs villages qui avaient formé des camps et tenaient la ville sous une menace continuelle. Lord Elgin, lord Seymour, et bientôt après le baron Gros, quittèrent la Chine et firent voile pour l'Europe.

Le 26 avril 1859, arriva à Hong-Kong le remplaçant de lord Elgin: c'était son propre frère, sir Frédéric Bruce. Ses instructions lui enjoignaient d'aller faire l'échange des ratifications du traité de Tien-Tsin à Peking même. Mais le bruit courait que les traités n'avaient été signés par les Chinois que sous l'empire de la terreur, qu'ils étaient disposés plus que jamais à refuser aux étrangers l'entrée de leur capitale, et que des préparatifs formidables avaient été faits pour défendre le passage du Peï-Ho. En conséquence, sir Frédéric Bruce jugea utile de se faire escorter par des forces imposantes. Tous les bâtiments disponibles firent voile, vers la fin de mai, pour le golfe de Petchéli, avec environ 1,500 hommes de troupes, sous les ordres du contre-amiral Hope, successeur de lord Seymour. Faisaient partie de

cette expédition : la corvette française le Duchayla, de 44 canons, commandant Tricault, ayant à bord M. de Bourboulon, successeur du baron Gros, ainsi que la frégate américaine Powhattan, portant M. Ward, successeur de M. Reed comme ministre plénipotentiaire des Etats-Unis. Il y avait aussi un petit bâtiment français dit mouche, appelé le Norzaragay, ayant 2 petits canons.

Le 20 juin, sir Bruce se trouva à l'embouchure du Peï-Ho, où, dans la soirée du même jour, il fut rejoint par M. de Bourboulon. L'amiral Hope, qui les avait précédés de quelques jours, avait déjà pu se convaincre, par l'inspection des travaux de défense récemment construits, et par les réponses évasives des autorités subalternes aux notes annonçant l'arrivée des plénipotentiaires, que l'intention du gouvernement chinois était de s'opposer à leur marche vers la capitale.

Il fut résolu que l'on forcerait le passage, et, le 22, l'amiral fit remettre à terre une sommation par laquelle il engageait les autorités locales à retirer sans délai les estacades qui barraient le fleuve, faute de quoi il y procéderait lui-même. La sommation resta sans réponse, et l'on prit les dispositions pour l'attaque. D'après les intentions du plénipotentiaire français, l'aviso de la marine impériale le Norzaragay et la compagnie de débarquement du Duchayla devaient se placer sous les ordres de l'amiral anglais.

Le *Norzaragay* franchit la barre le 23. Pendant ces préparatifs les lignes de défense des Chinois, consistant sur les deux rives en forts détachés d'une assez grande élévation, reliés entre eux et couverts par une ligne continue et fort étendue de parapets en terre garnis de batteries rasantes, présentaient un front désert et silencieux; leurs embrasures étaient complétement dissimulées par des rideaux en nattes, à tel point qu'on pouvait se demander s'il y avait derrière ces ouvrages quelqu'un pour les défendre.

Cette attitude calme et silencieuse, si différente des démonstrations bruyantes en usage parmi les Chinois du sud, semblait d'une signification inquiétante, et indiquait en effet chez ceux à qui on avait affaire une résolution et une discipline qui ne présageaient rien de bon; mais il était trop tard pour reculer.

Dans la nuit du 24 au 25, l'amiral Hope fit essayer par ses embarcations de faire sauter, au moyen d'artifices, les barrages placés en travers de la rivière. Ces obstacles consistaient en une triple ligne d'estacades, dont la première était formée de chevaux de frise en fer, solidement fixés dans le fond, et assez rapprochés pour ne pas permettre à des bâtiments autres que des embarcations de passer dans les intervalles; la seconde ligne était composée de madriers reposant sur l'eau, reliés par de fortes chaînes et assujettis à des pilotis; la troisième enfin présentait en travers du courant comme un immense radeau de 42 à 44 mètres de profondeur, soutenu et fixé par d'innombrables pilotis. Les embarcations, en passant dans l'intervalle des piquets de la première ligne, parvinrent à faire sauter quelques-uns des madriers de la seconde estacade, mais l'opération ne réussit que très-imparfaitement.

Le 25 juin, une jonque apporta à sir Bruce une lettre du gouverneur général de Petchéli, lettre qui n'était qu'une nouvelle feinte pour obtenir du ministre anglais des délais et éluder l'échange des ratifications des traités. On n'en tint aucun compte et à deux heures et demie la canonnade commença. Elle dura jusqu'à six heures sans se ralentir. Dès le début, il devint évident, à la manière dont les Chinois répondaient au feu, que si l'on pouvait espérer la victoire, elle serait du moins chèrement achetée.

Vers deux heures l'amiral ayant disposé ses bâtiments en face des forts, avait donné l'ordre à l'*Opossum* et au *Plover*, canonnière qu'il montait lui-même, de s'amarrer fortement à l'un des chevaux de frise de la première ligne et de tâcher de l'arracher. Cette tentative réussit et, au bout de quelque temps, il avait été fait une ouverture suffisante pour que le *Plover* et l'*Opossum* pussent y passer. A l'instant où les canonnières eurent franchi la première estacade, les Chinois commencèrent à tirer de leurs forts et de leurs batteries rasantes qui jusque-là étaient demeurées masquées.

Le feu s'engagea alors sur toute la ligne : celui des Chinois était principalement dirigé sur les deux canonnières qui se trouvaient en avant, et avec une telle précision qu'aux premières décharges dix-sept hommes du *Plover* furent étendus sur le pont. Les deux canonnières eurent bientôt leurs chaînes brisées par les boulets et furent entraînées à la dérive. L'amiral Hope se fit conduire alors dans la baleinière du commandant Tricault, du *Duchayla*, qui s'était tenu constamment à ses côtés, à bord du *Cormoran*.

Vers la fin de la journée, l'amiral anglais, voyant que le feu de l'ennemi, ralenti peu à peu, avait presque entièrement cessé, put croire qu'il avait réussi à l'éteindre en partie, et voulut employer la dernière ressource, les troupes de débarquement, pour tâcher d'enlever les forts de la rive gauche.

Le débarquement, au dire du commandant Tricault, qui voulut y prendre part à la tête de ses hommes et qui fut blessé au bras, s'exécuta avec un ensemble admirable. A sept heures cinq minutes le signal fut donné, et à sept heures vingt toutes les embarcations avaient touché le rivage. Au moment où elles abordaient, les Chinois, qui avaient réservé leur feu depuis une heure, accueillirent par d'effroyables décharges les troupes, composées de deux brigades anglaises d'ensemble 1,200 hommes et de 60 marins français. Pour arriver jusqu'aux fortifications, il fallait traverser un espace de six cents mètres d'un terrain vaseux où les hommes enfonçaient jusqu'à la ceinture, pour franchir trois fossés, dont le dernier avait quatre mètres de largeur et deux mètres d'eau. On le tenta cependant, officiers et soldats rivalisant de courage ; mais un petit nombre seulement parvint jusqu'au pied des ouvrages ; les hommes étaient épuisés, les armes et les munitions mouillées et hors de service, et les échelles qu'on avait débarquées brisées par les boulets. Il fallut se résoudre à la retraite en profitant de la nuit, et l'ennemi, n'osant pas sortir de ses retranchements, elle put s'opérer sans beaucoup de pertes.

Telle est la relation des événements principaux de cette désastreuse mais héroïque journée. Relativement au petit nombre des Français engagés, leurs pertes avaient été sensibles. Dans le débarquement, ils auraient eu 4 hommes tués et 12 blessés, parmi lesquels un officier et le commandant Tricault. Les pertes des Anglais étaient considérables et s'élevaient à plus de 500 hommes, dont 28 officiers tués ou blessés. L'amiral lui-même était blessé à la hanche d'un boulet épuisé. La résistance énergique et habilement dirigée rencontrée dans cette funeste journée du 25 juin était due à la discipline et à l'énergie des soldats mongols, bien supérieurs aux troupes chinoises, contre lesquelles seulement on avait eu jusqu'alors à combattre.

Les troupes mongoles qui avaient défendu les ouvrages de Takou faisaient partie de la garde impériale, dont l'effectif est d'environ 50,000 hommes. Ces troupes sont supérieures à toutes les autres; elles comptent dans leurs rangs les meilleurs canonniers et les meilleurs tireurs à l'arc de tout l'empire. Entre les mains des Mongols, l'arme primitive dont nous venons de parler prend une grande valeur et devient très-meurtrière. Plusieurs soldats anglais de l'infanterie de marine avaient été tués au pied du grand fort par des soldats armés d'arcs, qui les ajustaient très-bien du haut du rempart.

Les ouvrages de Takou étaient exécutés d'une manière remarquable. Sur les côtés des anciens forts se trouvaient des batteries rasantes bien construites et armées de pièces neuves sur pivot, dont le tir, parfaitement dirigé, fut plusieurs fois rectifié, suivant la marche et le mouvement des bâtiments. Les soldats mongols les servaient comme des canonniers très-exercés. Ces batteries avaient également fait usage du tir à mitraille, et employé des projectiles creux, ce qui indique qu'elles possédaient des obusiers.

PARTICULARITÉS

SUR LA CHINE ET LES CHINOIS.

Un témoin oculaire des récentes affaires de Chine juge sévèrement ce peuple étrange qu'on a voulu nous représenter naguère comme une nation très-civilisée, très-puissante et très-valeureuse. M. de Moges a tracé un portrait beaucoup moins aimable de ces maîtres hâbleurs qu'il nomme de *vrais guerriers de paravent*, et qui réunissent aux vices de la barbarie les vices de la civilisation la plus corrompue.

Nous citerons à l'appui de cette opinion une pièce diplomatique trouvée, après la prise de Canton, dans les archives de Yeh. C'est un mémoire adressé, en 1845, à l'empereur Tao-Kouang par Ky-Ing,

vice-roi de Canton, signataire des cinq traités. Il est intitulé : *Mémoire supplémentaire détaillant les particularités relatives à la réception des envoyés barbares de différentes nations*, et commence ainsi :

« Votre esclave Ky-Ing, humblement agenouillé, dépose ce mémoire aux pieds de Votre Majesté.»

Ky-Ing parle des barbares anglais, des barbares français et américains à peu près dans les mêmes termes que Yeh, dans une lettre publiée en son temps par notre journal. Le mépris des Chinois pour nous ne doit-il pas nous faire réfléchir sur notre mépris pour les Chinois? Qui a raison d'eux ou de nous? Peut-être avons-nous des torts égaux, et ces dédains mutuels entre peuples, même voisins, sont-ils partout également absurdes et injustes.

« Bien qu'il puisse être utile, sans doute, d'agir envers eux en employant de bons procédés, il est beaucoup plus prudent de les mener par la ruse... Quelquefois, il est bon de chercher à leur plaire et à exciter leur reconnaissance en les traitant sur le pied d'une égalité parfaite... et il y a beaucoup de choses dans les mœurs et les coutumes du Céleste-Empire que les barbares ne peuvent pas comprendre parfaitement, et ils font de continuelles observations sur des choses dont il est difficile de leur expliquer la véritable portée...

« Le repas que les barbares font en commun s'appelle le *ta-tsan*, le dîner. Ils aiment, à ce moment-là, à se réunir en grand nombre pour manger et boire ensemble.

« Lorsque votre esclave leur *a fait l'honneur* de les inviter à Bogue ou à Macao, leurs chefs et ces notables parmi eux sont venus au nombre de dix, de vingt ou de trente ! Et quand, plus tard, votre esclave a eu l'occasion d'aller dans leurs résidences ou sur leurs navires, les barbares se sont assis autour de lui, et c'était à qui lui offrirait le premier des viandes et des vins. Pour gagner leurs bonnes grâces, votre esclave *n'a pu faire autrement* que de se servir avec eux de leurs verres et de leurs cuillers.

« Autre chose ! c'est l'usage chez les barbares d'être fiers de leurs femmes. Si la personne qui leur fait une visite appartient aux classes élevées de la société, la femme de celui qui reçoit cette visite ne manque jamais de venir au-devant de celui qui la fait. Lorsque le barbare américain Parker et le barbare français Lagrenée étaient ici, ils avaient amené leurs femmes avec eux; et lorsque votre esclave s'est rendu dans leur demeure pour y traiter d'affaires, les femmes étrangères ont soudainement apparu et l'ont salué ! *Votre esclave en a été confondu*, et s'est senti assurément bien mal à l'aise, tandis qu'elles, au contraire, étaient charmées de l'honneur que votre esclave leur faisait. »

Le vice-roi de Canton apprend encore au Fils du Ciel que, dans ses entrevues avec les envoyés barbares, ils ont eu souvent l'audace de lui offrir des vins étrangers, des parfumeries; que leurs intentions fussent bonnes ou mauvaises, il l'ignore; mais il n'a pu, en face d'eux, rejeter leurs présents, et s'est borné à leur donner en échange des tabatières, des bourses parfumées, etc.

Il parle ensuite du gouvernement des barbares : « Ils ont à leur tête tantôt des hommes, tantôt des femmes, et chacune de ces nations a une manière différente de designer ses chefs; en général, ils empruntent (littéralement ils *volent*) des dénominations chinoises; ils affectent avec orgueil d'employer un style qu'ils n'ont aucun droit de parler et semblent vouloir se donner des airs de grande puissance. »

Enfin, le brave mandarin termine sa lettre en haussant les

épaules, et déclare qu'il ne faut donner aucune attention aux usages de gens « aussi peu *civilisés, aussi inintelligents et stupides.* »

Saluez, c'est de nous qu'il s'agit !

RÉSULTAT DE L'AMBASSADE DU MINISTRE AMÉRICAIN, M. WARD, A PÉKIN, ET MANIÈRE DONT IL A OBTENU LA RATIFICATION DE SON TRAITÉ.

« On arrive à la capitale par une large rue bordée de boutiques bien construites qui s'étendent sur une distance d'un demi-mille jusqu'à la porte Chau-yang-Mun, ou porte du Soleil-Levant. Ces boutiques diffèrent tellement des constructions chétives qui sont dans l'intérieur de la ville, qu'il faut évidemment que les marchands trouvent de grands avantages à loger hors des murs. Ces murs sont hauts de 60 pieds et bien entretenus, et la tour à cinq étages, qui s'élève de 40 pieds au-dessus de la porte d'entrée, a un aspect imposant.

« L'avenue à laquelle cette porte donne accès a plus de 100 pieds de large ; mais elle n'est pas pavée, et les pluies récentes en ont fait un cloaque où les chevaux, les voitures et les conducteurs piétinent dans la plus grande confusion. Nous sommes entrés dans la ville au milieu d'une masse serrée de spectateurs : les hommes et les femmes des classes plus aisées se tenaient en groupes derrière les premiers rangs. Tous manifestaient cette curiosité tranquille et paisible qui distingue la foule chinoise, ce qui

n'empêchait pas les gens de la police de faire de temps en temps acte d'autorité en employant leurs fouets.

« Le surlendemain vendredi, Lieh, juge provincial de la province de Kiang-su, arriva pour conférer au sujet de l'entrevue que nous voulions obtenir des commissaires impériaux et de l'Empereur. En véritable fils de Han, il commença par faire l'éloge de son souverain, puis à se louer lui-même ; il se vanta de son habileté à résoudre les questions épineuses ; il nous fit remarquer combien nous étions honorés et quelle considération exceptionnelle on avait pour nous. Après s'être appesanti sur ces points, il nous expliqua tout doucement comme quoi nous autres étrangers venus de loin, des dernières limites de la création, et arrivant pour la première fois et après beaucoup de peines dans la capitale de l'empire du Milieu, nous devions prouver notre gratitude pour cette « faveur céleste. » On lui répondit très-brièvement que lorsque les plénipotentiaires s'assembleraient le lendemain ils discuteraient l'affaire, mais que leurs subordonnés n'ayant aucun pouvoir défini, il valait mieux ne pas entamer la discussion avec eux.

« Il nous dit alors que le *Toeywan* ayant pris part à la bataille de Taku, l'empereur doutait de la sincérité des Américains, et que l'attitude qu'ils avaient ce jour-là ne faisait que corroborer les expressions hostiles employées l'an dernier dans l'une des dépêches de

M. Reed, où il disait qu'il pourrait être forcé de se joindre aux alliés. Cette observation nous fournit l'occasion d'expliquer ce qu'avait fait le commodore à Taku et de signaler au juge les conséquences sérieuses de la négligence de son propre gouvernement, qui n'avait envoyé aucun fonctionnaire compétent au Pei-ho pour recevoir les ministres plénipotentiaires, mais bien un simple subordonné dont la véracité n'était garantie par rien.

« Vers onze heures, le lendemain M. Ward, accompagné de trois personnes de sa suite, se rendit à la salle publique, où les commissaires impériaux vinrent à sa rencontre entourés d'une foule de fonctionnaires ornés de boutons de toutes classes. Kwei-liang commença par défendre les actes de son gouvernement. Il déclara que l'empereur avait le droit de barrer l'embouchure de l'un de ses fleuves, et qu'il l'avait fait au Peï ho pour empêcher les bâtiments étrangers de remonter jusqu'à Tien-tsin ; mais qu'il avait pris toutes les mesures nécessaires pour conduire les ministres étrangers à Pékin par Peh-tang. L'envoyé anglais n'avait pas voulu se rendre dans cette ville et avait voulu forcer les barrières de Taku ; ainsi il avait violé les traités sans que les Chinois en fussent responsables. Kwei-liang fit aussi remarquer que l'hostilité des Anglais était démontrée, puisqu'ils étaient venus pour échanger les traités avec une force plus grande que celle au moyen de laquelle ils en avaient obtenu la signature, tandis que les desseins pacifiques des Américains étaient évidents, puisqu'ils n'étaient venus que sur un seul bâtiment.

« Il nous sembla que ce vénérable homme d'Etat parlait plutôt à son auditoire chinois qu'au ministre ; le sang-froid avec lequel quelques-uns de ses compatriotes ôtèrent leurs chapeaux et s'assirent à quelques-unes des tables latérales nous parut indiquer qu'ils étaient d'un rang plus élevé que ne le faisaient supposer leurs boutons de cristal ; le premier ministre paraissait obligé de leur expliquer ce qu'il allait faire.

« Il nous dit ensuite que l'empereur voulait bien honorer les Américains d'une audience et qu'il ne restait plus qu'à régler le cérémonial. Kwei-liang répéta plusieurs fois que l'empereur ne confondait pas une nation amie comme les E'ats-Unis, dont le premier magistrat était son égal, avec les nations tributaires, comme Siam, la Corée, Liouchew ou Annam. Il appelait le président tantôt ta-hwangti, ou le grand empereur, tantôt *Président*, mot qu'il avait appris à prononcer, tantôt kiun-chou, ou chef princier. Il ajouta qu'on n'exigerait pas le kot-au, marque de respect ordinaire, ou plutôt le *san-kwei-Kiu-hoh*, ce qui signifie « s'agenouiller trois fois et frapper neuf fois la terre avec le front ; il suffirait de s'agenouiller une fois et de frapper trois fois. On ne fit nulle attention à cette insinuation, et il ne fut plus question du ko-tau, même sous cette forme mitigée.

« M. Ward répondit qu'il avait le plus grand respect pour S. M., ainsi que le président lui-même l'expliquait dans sa lettre; mais que de quelque importance que fût pour lui une audience, il ne s'agenouillerait pas en s'approchant du trône, et qu'il ne saluerait S. M. que comme il saluait le président des Etats-Unis et comme les ministres des Etats-Unis saluaient les souverains de toutes les nations; enfin qu'il ne s'agenouillait que devant Dieu pour l'adorer, et non devant les hommes. Il ajouta que les Chinois, sujets de l'empereur, pouvaient se conformer à ce cérémonial; mais que lui, qui représentait une nation, ne pouvait compromettre sa dignité; que le respect qui ne venait pas du cœur était de l'hypocrisie; que d'ailleurs il était prêt à saluer très-bas et même neuf fois de suite, si cela pouvait donner de la solennité à la cérémonie, ou bien qu'il resterait découvert pendant toute l'audience; que c'était ainsi qu'il exprimait son respect pour le président, et qu'il ne pouvait faire plus pour l'empereur de Chine.

« Les commissaires répondirent que s'ils étaient aux Etats-Unis, ils se conformeraient à tout ce qu'on exigerait d'eux pour obtenir une audience, et que le ministre américain devait faire de même; qu'on ne pouvait témoigner du respect à leur souverain qu'en s'agenouillant devant lui; que tout le reste n'était rien aux yeux de l'empereur, qui d'ailleurs serait indigné si le ministre d'une nation amie venait dans la capitale sans demander une audience. Ils dirent aussi que dans quelques cours européennes, et même en Angleterre, on s'agenouillait devant le souverain quand on lui était présenté; qu'ils n'hésitaient pas à déclarer que les hommages rendus à leur souverain étaient semblables à ceux qu'on rend aux dieux; mais qu'aussi ils brûleraient de l'encens devant le président et qu'ils accompliraient le ko-tau à Washington si on l'exigeait. « Vous êtes un plénipotentiaire, dit Hwashana à M. Ward, et vous devez avoir des pouvoirs nécessaires pour accomplir cet acte. — Je ne puis, dit M. Ward, changer les lois et les usages de mon pays ni faire quelque chose qui le dégrade. »

« Cette discussion dura deux heures, puis les commissaires l'interrompirent en disant qu'ils la reprendraient plus tard. Ils revinrent le 2 août dans des voitures de même espèce que celles qui avaient été fournies à l'ambassade et sans escorte. »

« La discussion recommença à peu près dans les mêmes termes. Les Chinois parlèrent aussi de Rome et des cérémonies en usage dans les réceptions du Vatican. On leur répondit derechef que jamais les ambassadeurs anglais ou américains ne s'agenouillaient devant le pape, que ceux qui s'agenouillaient devant la reine d'Angleterre étaient ses propres sujets, lorsqu'ils recevaient un Ordre de chevalerie, non pas les ministres étrangers.

« Ils demandèrent alors à M. Ward d'exposer par écrit quelle cérémonie il voulait accomplir. Après avoir parcouru des yeux cet écrit, ils dirent qu'il serait inutile de soumettre une pareille proposition à l'empereur, et qu'il valait mieux lui dire que les usages des deux pays étaient trop dissemblables pour qu'il pût y avoir audience. Les commissaires désavouèrent aussi toute l'intention de gêner les mouvements du ministre dans la capitale, et assurèrent que des hommes de la police n'avaient été postés près de sa demeure que pour écarter la foule. Cependant ils nous ont empêchés de nous mettre en relation avec les Russes.

« Les commissaires se rendirent à la résidence d'été de Yuen-Ming-Yuen, à douze milles de la ville. Le lendemain le juge revint; il n'avait pas l'air fort content. Il dit que les commissaires avaient passé toute la nuit en conférence au palais et faisaient la proposition suivante : ils adresseraient à M. Ward une lettre où ils lui annonceraient que l'empereur voulait l'honorer d'une audience pour recevoir la lettre du président. M. Ward répondrait alors qu'il était prêt à présenter ses hommages à S. M. comme il les présenterait au président. M. Ward ne fit aucune objection à cette proposition. Le juge expliqua que lorsque le ministre s'avancerait vers le trône, dont il serait séparé par la table sur laquelle on placerait la lettre du président, il ferait un profond salut, et que deux chambellans s'approcheraient de lui, faisant le geste de le soutenir, et lui disant : « Ne vous agenouillez pas! ». Puis le ministre placerait là la lettre sur la table et un chambellan la prendrait et la présenterait à genoux à l'empereur.

« Le juge partit plus content qu'il n'était venu. Mais bientôt Lieh revint nous dire que la proposition des commissaires n'avait pas été accueillie, et que S. M. décidait que si le ministre américain ne voulait pas mettre un genou à terre ou toucher le sol avec la main, il ne serait pas reçu en audience. Cette proposition fut rejetée.

« À la suite de tout cela, on reçut du premier ministre une dépêche qui caractérise bien la diplomatie chinoise. Après avoir parlé de la discussion au sujet de la cérémonie, le premier ministre demandait à l'ambassadeur américain pourquoi il était venu à Pékin, et ajoutait que puisque M. Ward ne voulait pas voir l'empereur, la lettre du président ne pourrait être reçue. On répondit à Kwei-Hang que M. Ward était venu sur l'invitation des Chinois et conformément à un rescrit de l'empereur communiqué par le gouverneur de Peh-tang.

« Après un délai de trente-six heures, le juge vint demander la cause de notre silence. Il dit que si M. Ward voulait prier les commissaires de recevoir la lettre, on ferait droit à sa demande, et qu'il pourrait, s'il le voulait, échanger les ratifications dans une ville du nord. Ces deux propositions furent repoussées; on répondit que puisque les commissaires avaient déclaré ne pas vouloir recevoir la lettre, on attendrait que l'empereur fixât le moment de l'échange des ratifications; mais qu'en même temps M. Ward regrettait que les usages de la Chine et de l'Amérique fussent tellement dissemblables, ce qui n'ôtait d'ailleurs rien à la considération que le plénipotentiaire et le président américain éprouvaient pour l'empereur. Les Chinois craignirent alors d'avoir été trop loin, et demandèrent si le président serait irrité par leur refus de recevoir son ambassadeur.

« Le lendemain une réponse courtoise nous fut adressée avec le rescrit impérial ordonnant à Kweiliang et à Hwashana d'apposer le grand sceau au traité de Tien-tsin et de recevoir la lettre du président. Hang-fuh, gouverneur de Chih-li, fut désigné pour procéder à l'échange des ratifications à Peh-tang.

« Le mercredi suivant, Kweiliang vint recevoir la lettre du président. Il la prit avec respect, élevant la boîte qui la contenait jusqu'à la hauteur des yeux; puis il la remit à un homme de sa suite, et donna l'ordre qu'une garde d'honneur fût chargée d'en avoir soin. Un repas somptueux fut servi, et pendant cette entrevue le premier ministre apprit à M. Ward que ses fonctions de commissaire impérial et celles de son collègue Hwashana allaient cesser.

« Lors de l'échange des ratifica-

tions à Peh-tang, les Chinois proposèrent de rendre un des deux prisonniers faits aux Anglais. Cet homme avait déclaré être Américain; il se trouva qu'il était Canadien, et il fut assez difficile de faire comprendre aux Chinois la différence entre le Canada et les Etats-Unis. Après une longue explication, ils dirent qu'ils remettraient cet homme, qu'ils avaient amené avec eux, à M. Ward, par simple humanité.

« Le lendemain 17 août, le *Toeywan* revint à son mouillage, et le 18 le *Powkattan* partit pour Shang-haï. »

MARIAGES EN CHINE.

La classification des mariages en mariages de raison et en mariages d'inclination, adoptée en France, ne saurait être appliquée aux unions chinoises; car, en général, c'est seulement après que les nœud sont irrévocablement serrés que les éponx se voient pour la première fois. En Europe, de hautes familles ont quelquefois fiancé l'un à l'autre des enfants encore au berceau; les Chinois vont beaucoup plus loin; ils marient des enfants encore à naître. Deux femmes enceintes conviennent d'unir les enfants qu'elles portent dans leur sein; elles se donnent réciproquement des arrhes en garantie de leur foi, et l'engagement ainsi contracté est indissoluble, à moins cependant que les deux fiancés ne soient du même sexe, ou que l'un d'eux ne vienne à mourir. A ces empêchements de force majeure on a seulement ajouté le cas où l'un des futurs serait frappé de la lèpre. Mais il arrive rarement que les mères se mettent ainsi en peine de régler l'avenir conjugal de leurs enfants nés ou à naître ; dans la marche ordinaire des choses, si les enfants ne se mêlent point des préliminaires de leur mariage, les parents ne s'en occupent guère davantage ; on se repose de ce soin sur des courtiers, sur des agents de mariage ; car cette industrie, encore dans l'enfance parmi nous, et à laquelle on ne recourt pour ainsi dire qu'en désespoir de cause, est des plus actives en Chine, où elle s'exerce par l'action simultanée des deux sexes.

Quand ces courtiers et ces courtières ont rencontré ce qui leur convient mutuellement, et quand les parents ont adhéré à leurs propositions, on procède, au jour fixé par la future, à la célébration des fiançailles.

Cette cérémonie consiste dans un échange de cadeaux que les entremetteurs et les entremetteuses apportent dans des paniers chez les fiancés. Les paniers offerts à la future doivent contenir, l'un des fruits et des piastres mises en piles aux quatre coins ; un second, un jambon frais pesant environ une douzaine de livres, et un troisième une certaine quantité de vermicelle.

Lorsque le bruit des pétards a annoncé aux voisins et aux voisines l'arrivée des porteurs de cadeaux, la future se présente à l'entrée d'un appartement éclairé par des cierges rouges ; elle prend les présents et distribue des tranches de jambon à tous les assistants. Pendant ce temps, on apporte de la même manière, chez le futur, des cadeaux qui consistent principalement en fruits divisés en seize paquets ; il reçoit en outre de sa belle-mère future quelques menus présents, et particulièrement des pepins de citrouille séchés au soleil. Mais ces grains de citrouille lui coûtent un peu cher, l'usage l'obligeant de donner en retour à son beau-père une certaine somme d'argent que l'on considère comme le prix de la femme qu'on va lui livrer.

Cette somme, variable entre deux cent quatre-vingts et cinq cents francs, est si rigoureusement due, que la future n'est donnée au futur que lorsqu'il a intégralement acquitté la dette. Ces formalités remplies, les entremetteurs consultent les astrologues, afin de choisir un jour propice pour la noce ; au reste, ils ne manquent pas de se munir, à tout événement, d'un morceau de porc frais destiné à distraire, à amuser, pendant la noce, le démon (toujours représenté sous la figure d'un tigre) pour qu'absorbé tout entier par les délices du morceau de porc, il oublie les époux et ne songe pas à leur jeter quelque maléfice.

Au jour convenu, la fiancée commence par faire sa toilette, dont la pièce la plus remarquable et la plus essentielle est un immense chapeau en forme de corbeille, qui, enveloppant toute la tête et cachant la figure, lui retombe circulairement jusqu'à la ceinture ; puis on l'enferme ainsi affublée dans un palanquin scrupuleusement clos, parce que le point capital est qu'elle ne voie point et qu'elle ne soit point vue. Le cortège, dont les entremetteurs fixent les pompes et règlent la marche, s'ébranle ensuite lentement et avec un appareil lugubre; l'étiquette exige que tous ceux qui accompagnent la fiancée poussent des sanglots de toute la force de leurs poumons.

Lorsque la procession approche de la maison du futur, un courrier se détache en avant et annonce que la fiancée arrive, en criant à plein gosier : La voilà ! la voilà ! Aussitôt éclatent des fanfares et des pétards, accompagnement obligé de solennité en Chine, et le fiancé court se renfermer au plus vite dans son appartement.

Les entremetteurs, qu'il doit recevoir avec étonnement, avec indifférence, et comme s'il ne savait pas ce qu'ils lui veulent, vont bientôt le chercher et le conduisent au palanquin. Ici il doit témoigner une grande émotion; il ouvre le palanquin en tremblant, en fait descendre la fiancée et la mène à une table, à laquelle il prend place vis-à-vis d'elle. Après le repas, qui n'en est réellement un que pour le fiancé, la fiancée, renfermée sous son immense chapeau, ne pouvant guère porter un morceau à sa bouche, les époux se retirent tête à tête dans une salle. C'est là pour le mari un moment solennel, car c'est alors seulement qu'il peut lever le mystérieux chapeau, contempler pour la première fois les traits de sa compagne, et juger si le hasard l'a bien ou mal servi. Mais quelles que soient ses impressions, il les renferme en lui-même et ne laisse voir à sa femme qu'une aimable satisfaction. Cette première épreuve sert à préparer la fiancée à une seconde crise, plus redoutable et plus cruelle encore pour elle. Quand le fiancé a terminé ses explorations, tous les convives sont admis à leur tour à faire leur examen et à prononcer leur jugement, qu'ils formulent avec une extrême franchise; l'étiquette, qui oblige le mari à dissimuler, les autorise au contraire à parler avec une entière liberté. Il est rare qu'on n'abuse point de la permission et que quelque femme, contre laquelle la critique s'est escrimée lorsqu'elle était sur la fatale sellette, ne saisisse cette occasion pour prendre sa revanche, et décharger une vieille rancune.

Pendant toute la durée de cette exposition, la victime est condamnée à un silence rigoureux et une impassibilité stoïque, quelque vives et mordantes que puissent être les plaisanteries dirigées contre elle. Bien des inimitiés prennent date de cette heure de douleurs, et bien des notes sont mentalement prises par la jeune épouse pour exercer un jour de cruelles représailles.

Les autres cérémonies nuptiales, qui s'accomplissent avec la gravité la plus triste en dépit du charivari exécuté par des musiciens et des farces jouées par des bateleurs, n'offrent rien de piquant à noter,

— 63 —

si ce n'est peut-être les soins minutieux que prennent les époux pour cacher leurs vêtements quand ils se déshabillent, parce que l'usage autorise les convives à mettre tout en œuvre pour les dérober, et qu'ils les faut racheter dans ce cas à beaux deniers comptant. Cette rétribution éventuelle est, au reste, le seul dédommagement offert aux invités, d'autant plus à plaindre qu'ils sont astreints, par l'étiquette, et par un tarif inflexible, à offrir en échange des bagatelles qu'on leur donne, des présents d'une valeur beaucoup plus considérable que l'on apprécie ouvertement comme une compensation des dépenses causées par chaque convive.

Quelque ennuyeuses et quelque onéreuses que puissent être pour les témoins les solennités nuptiales, ce n'est pas moins un honneur fort recherché d'être admis à une noce. Nul ne peut s'y présenter s'il n'a été invité dans les formes, c'est-à-dire s'il n'a reçu pour billet d'invitation une grande feuille de papier rouge, dont les plis sont combinés de manière à présenter une douzaine de lettres, mais sur laquelle aucun caractère n'est tracé. Ces mariages chinois ainsi faits ne reçoivent, par une exception rare, aucune consécration ni des lois humaines ni de la religion : à peine s'y mêle-t-il quelques idées superstitieuses. Aucun sentiment d'un ordre élevé ne préside à la consécration d'un acte si important dans la vie. Pour les courtiers, pour les parents, pour les convives, le mariage n'est qu'une affaire, qu'une spéculation dans laquelle chacun cherche à donner moins et à recevoir plus. Aussi ce triste jour commence-t-il le plus souvent pour la femme chinoise, assimilée à une marchandise vendue et achetée comme telle, une vie d'esclavage et de misères à laquelle elle se soustrait fréquemment par le suicide.

Les Chinois, depuis qu'ils sont sous la domination des Mandchoux, se rasent la tête, en conservant seulement sur le haut une touffe de cheveux qu'ils laissent croître, et dont ils font une longue queue qu'ils nomment *pen-sse*. Les femmes s'habillent conformément au grade de leurs maris. Leur habitude de relever leurs cheveux leur dégarnit promptement le front : les femmes âgées cachent cette difformité avec un morceau de toile noire (pao-teou) ; quand elles sont en deuil, le pao-teou est blanc. Dans quelques cantons, elles portent des chapeaux de paille fort jolis ; le fond en est percé pour donner un passage libre à leur touffe de cheveux.

C'est par l'épaisseur ou la légèreté des étoffes que l'habit d'hiver diffère de l'habit d'été. Dans les provinces du nord, on porte des fourrures quand il fait froid ; d'ailleurs, le costume des Chinois a cet avantage qu'ils peuvent, sans paraître ridicules, augmenter ou diminuer le nombre de leurs ro-

Costumes chinois, mandarins, bonzes, etc.

bes, suivant le degré de la température. Ils en sont parfois tellement surchargés qu'ils ont de la peine à joindre ensemble leurs deux mains. En été, les gens du peuple ne conservent ordinairement que la veste, le caleçon et les souliers. Quant aux gens en place, ils n'oseraient paraître en public sans être habillés et sans avoir des bas et des bottes.

On peut reprocher aux Chinois d'être fort sales. Il couchent avec les mêmes vêtements qu'ils portent pendant le jour ; ils usent souvent leur chemise de soie avant de la quitter.

Pour obtenir de la considération auprès de la populace chinoise, il faut être gras et replet, et pouvoir remplir un fauteuil bien large.

SUPERSTITIONS DES CHINOIS.

Il est peu de peuples qui soient aussi adonnés que les Chinois aux pratiques superstitieuses. Les idoles se rencontrent à chaque pas, dans les temples et dans les habitations; chaque maison, comme chez les anciens Grecs, a sa divinité protectrice. Cette idole se trouve, dans les vaisseaux, sur le gaillard d'avant, place qui est considérée comme la plus honorable. Ce serait un sacrilége d'oser s'y asseoir, et cependant il arrive souvent aux Chinois de se rassembler dans les pagodes, d'y prendre leurs rafraîchissements et d'y fumer leur pipe.

L'idole est parée suivant les moyens du capitaine. On place chaque jour devant l'autel une offrande qui se compose de viandes et de fruits, et l'on y brûle des parfums. Indépendamment de ce service régulier, le capitaine offre des sacrifices solennels, soit lorsqu'il passe d'une rivière dans une autre, soit lorsque le ciel est orageux, ou que le calme arrête la marche du navire. Il pose sur le devant du tillac des plats de viande et divers autre mets, et allume des parfums à l'entour. Il se prosterne trois fois jusqu'à terre, et met ensuite le feu à une infinité de serpenteaux pour que leur bruit réveille la divinité endormie. Il brûle aussi des morceaux de papiers couverts d'une légère feuille d'argent ou d'étain. Quand ces papiers sont brûlés, le capitaine s'incline de nouveau, et termine son sacrifice en jetant dans l'eau quelques grains de sel et une petite partie de la sauce des mets offerts à la divinité. Pendant tout le temps que dure la cérémonie, l'équipage se tient derrière le capitaine sans prononcer une seule parole; puis le reste des mets est servi à la table du capitaine.

Les idoles que représente notre gravure sont copiées d'après un grand dessin fait à l'ambassade hollandaise au dix-septième siècle. Celle de droite a vingt pieds de hauteur : elle représente l'immortalité. Celle de gauche a la même élévation; la protubérance de l'abdomen, les plis du menton et l'expression joviale de la figure, indiquent assez le dieu du plaisir. L'idole du milieu, ornée de vêtements bizarrement somptueux, représente le grand King Kong. Aux jours de fêtes, l'encens brûle à leurs pieds dans des vases de bronze. Lord Macartney vit des idoles à peu près semblables, en 1795, dans la province de Kang-Tong, dans un temple situé sur le haut d'un rocher. Il vit aussi des statues qui représentaient la Fécondité, la Mélancolie, la Volupté, etc. En général les Chinois, profitant de l'entière liberté des cultes, personnifient tous les caractères et tous les sentiments. Le culte de FO HI, le plus généralement pratiqué dans toute l'étendue de l'empire, enseigne l'immortalité de l'âme et le principe de la métempsycose. Ceux qui, pendant leur vie, ont commis des fautes passeront après leur mort dans le corps d'animaux immondes jusqu'à leur entière purification. Mais le système des LAO TSÉES ou

disciples de Lao-Kiou s'accorde davantage avec le caractère et l'esprit des Chinois. Ce philosophe, qui vivait 606 ans avant l'ère chrétienne, enseignait que vivre heureux est le premier besoin de l'homme, et recommandait une indifférence absolue pour tous les événements. D'après lui, il ne faut ni réfléchir sur le passé, ni s'inquiéter de l'avenir; le plus sage est de jouir des rapides moments de la vie.

Cette doctrine se rapproche tout à-fait de celle que l'on a vulgairement attribuée à Epicure.

CROYANCES RELIGIEUSES DU JAPON.

Le même système religieux règne dans toutes les îles du Japon : mais il se divise en une multitude de sectes qui se tolèrent réciproquement avec beaucoup d'indulgence : il subsiste même entre elles une sorte d'union et d'harmonie. Chaque secte a ses temples et ses idoles, qui sont en très-grand nombre et hideuses pour la plupart. Il y a des dieux pour toutes les professions, à peu près comme chez les Grecs et les Romains. Au milieu de ce fatras d'absurdités et de superstitions, les Japonais ont encore conservé une idée, bien confuse à la vérité, de l'Etre-Suprême. Ils ont essayé de le représenter d'une manière imposante ou au moins gigantesque dans deux de leurs temples. Dans l'un, ils ont placé une statue de bois si colossale, que le creux de sa main pourrait contenir six hommes assis à la mode du pays : ses épaules ont cinq brasses de large. L'autre idole, au dire d'un voyageur, est environnée de trente-trois mille trois cent trente-trois dieux inférieurs, pour indiquer, sans doute, la multitude de ses attributs et de ses pouvoirs.

Les prêtres japonais ne font pas d'office et ne chantent aucun hymne. Les portes du temple restent ouvertes toute la journée ; les dévots peuvent y entrer à toute heure pour y faire leurs prières ou bien déposer leurs aumônes. L'accès n'en est défendu à aucun étranger.

Quoique l'on ne reconnaisse point de secte dominante, il y en a deux infiniment plus répandues que les autres, celle de Sinto et de Boudsdo ; le culte du premier est originaire du pays, et le plus ancien ; mais il a maintenant peu de partisans. Le second a été apporté du continent de l'Asie : sa nouveauté lui a donné une grande vogue.

La religion de Sinto était très-simple avant que l'on y introduisît une foule de pratiques et de cérémonies étrangères. Cependant elle reconnaît encore aujourd'hui un être suprême qui a fixé son séjour au plus haut des cieux. Ils ne lui rendent aucun culte ; ils le croient trop au-dessus d'eux pour avoir besoin de leurs hommages et de leurs adorations. Ils s'adressent à une multitude de dieux inférieurs qu'ils disent être chargés de présider à la terre, à l'eau, à l'air, etc., et de la volonté desquels dépend le sort des mortels. Ils n'ont que des idées bien vagues et bien incertaines de l'immortalité de l'âme, des récompenses et des châtiments qui l'at-

Idoles japonaises.

tendent après la destruction de son enveloppe mortelle. Ils présument cependant que les âmes des gens de bien ont un séjour particulier dans le ciel; que celles des méchants errent de tous côtés en punition de leurs crimes.

Les Japonais ne mangent pas de viande; ils ont de la répugnance à verser le sang, s'abstiennent du lait, qu'ils regardent comme du sang blanc, et évitent l'attouchement d'un cadavre. En violant un de ces trois points de discipline, on se rend impur pour un temps plus ou moins long. Ils se figurent que les âmes des renards deviennent des démons. Cette singulière croyance tient probablement à ce que ces animaux sont très-dangereux et commettent de grands dégâts. Une princesse japonaise, ayant prétendu qu'elle était possédée du démon, on tua tous les chiens de la ville, pour effrayer, disait-on, le renard enfermé dans son ventre.

Au milieu du temple est ordinairement placé un grand miroir de métal fondu et poli, pour indiquer aux hommes que les dieux découvrent les souillures cachées de leur cœur, aussi distinctement qu'eux-mêmes aperçoivent dans ce miroir les taches de leur visage. Les Japonais qui entrent dans le temple se placent devant le miroir, baissent la tête respectueusement jusqu'à terre, se tournent de nouveau devant le miroir, font leur prière et présentent quelque don. Après ces cérémonies ils sonnent une petite cloche pendue dans le temple et se retirent.

Depuis l'introduction de la secte de Boudsdo au Japon, celle de Sinto a admis différents dogmes et pratiques qui lui étaient absolument étrangers. Malgré ces innovations, c'est encore la moins déraisonnable de toutes; les autres adorent des singes et une infinité d'autres animaux.

La religion chrétienne s'introduisit au Japon peu de temps après que les Portugais eurent fait la découverte de ce pays. L'arrivée des premiers jésuites dans la province de Bungo remonte à l'année 1549; ils se répandirent dans tout le royaume guidés par les renseignements que leur donna un jeune Japonais, qui vint exprès se faire baptiser à Goa. Ce néophyte indiqua aussi aux Portugais tous les avantages qu'ils trouveraient à venir commercer dans sa patrie. Ceux-ci avaient alors la liberté de trafiquer, de prêcher dans les Indes, et même partout où bon leur semblait. L'entreprise réussit au-delà de leurs espérances, surtout pour le spirituel. Plusieurs princes japonais embrassèrent le christianisme. Des Portugais épousèrent des femmes du pays et s'établirent. Enfin, les missionnaires acquirent une telle importance, qu'ils envoyèrent une ambassade de Japonais au pape Grégoire XIII, avec de riche présents. Ces succès, et les immenses richesses que leur procurait le commerce, enflèrent tellement l'orgueil des Portugais, qu'ils ne tardèrent pas à se rendre odieux à leurs hôtes. Des ordres rigoureux pour exterminer tous les chrétiens

5

furent promulgués et exécutés avec tant d'activité que, dans le cours de l'année suivante, il y eut plus de vingt-mille personnes mises à mort. En 1597, les persécutions recommencèrent avec plus de violence que jamais. Toute espèce de prédication fut sévèrement interdite.

DES RELIGIONS AU JAPON.

Malgré l'immense laps de temps qui s'est écoulé depuis que, sortis de la Chine, des colons sont venus s'établir dans les îles du Japon, les Japonais ont conservé des traits nombreux de ce type chinois si invariable et si distinctif. Pour ne nous occuper que du point de vue religieux, nous voyons presque les trois mêmes religions se partager la foi des insulaires et des habitants du continent. La doctrine de Confucius, Kong-Tseu, recrute ses adeptes parmi la classe la plus éclairée de ces deux pays ; le sintoïsme semble n'être qu'une altération de la religion de Tao ; enfin le bouddhisme, importé de l'Inde, compte au Japon, comme à la Chine, d'innombrables fidèles. Menaçante et presque sanguinaire, imposant les plus cruelles privations dans l'espoir d'incertaines récompenses, la religion de Bouddha ou de Fo fit néanmoins au Japon de nombreux prosélytes. Là, comme en Chine, les bonzes trouvèrent des dupes faciles ; celles-ci portant dans leur foi aveugle l'ardeur qui distingue les Japonais des sujets du Fils du Ciel, souillèrent de leurs fureurs fanatiques les pompes de leur culte. C'est ainsi que l'on voit nombre de dévots bouddhistes, à certains jours de l'année, courir de place en place pour ramasser des aumônes, adresser aux passants des discours et des exhortations, puis s'armant de faux, à l'effet, disent-ils, de faucher les chardons et les épines qui croissent dans l'autre monde, montent sur une barque neuve pour de là se précipiter dans les flots. Afin de rendre leur mort plus certaine, ils s'attachent, soit aux membres, soit à quelque autre partie du corps, des pierres énormes ; ils sont ainsi entraînés plus vite au fond des eaux où ils s'imaginent rencontrer leur dieu Kadoun. Pendant ces horribles sacrifices, les familles des martyrs, assises sur le rivage, encouragent ceux que la crainte de la mort pourrait retenir sur la barque : elles poussent des cris de joie, et se prosternent pour recevoir les bénédictions de ceux qu'elles croient assurés de la félicité future.

Les bouddhistes, qui ne se donnent pas la mort, ne s'en imposent que des pénitences plus rigoureuses. Nous n'entrerons dans aucun détail à cet égard ; qu'il suffise à nos lecteurs de savoir que jamais l'esprit de l'homme n'a été si ingénieux à créer des supplices et des douleurs.

Disons cependant quelques mots du fameux pèlerinage de Nara, ville située à environ huit lieues de Méaco. La route qu'il faut parcourir aux pèlerins est d'environ soixante-quinze lieues ; mais ils prennent des chemins si rudes, au milieu des

Dévots japonais se précipitant dans la mer.

bois et des déserts, qu'à peine font-ils une lieue par jour. Ils marchent nu-pieds, portant leurs provisions. Mais leur fardeau n'est pas considérable, car on ne mange, pendant ce voyage, que deux fois par jour, autant de riz grillé qu'il en peut tenir dans le creux de la main, et l'on boit seulement trois verres d'eau. Malheur à celui qui n'a pas la force de supporter d'aussi rudes épreuves, il est abandonné sans pitié, et meurt sans consolation et sans amis. A huit lieues de Nara, on commence à monter; on rencontre bientôt des bonzes nommés goguis, à la merci desquel les dé-

vots sont alors livrés. Ces goguis ont un aspect repoussant, leur air est aussi farouche que leur voix: ils mènent une vie des plus austères; les crédules Japonais redoutent en eux des êtres presque surnaturels, en commerce habituel avec les démons, et l'agilité avec laquelle ces ermites bouddhistes franchissent les précipices, la témérité qu'ils affichent devant le danger ne contribuent pas peu à entretenir cette réputation de puissance surhumaine que les pèlerins leur accordent. L'autorité qu'ils prennent sur ces derniers est entièrement absolue. Après leur avoir prescrit le jeûne, le silence et les règles du pèlerinage, ils les avertissent que la mort sera désormais la peine des moindres fautes. S'ils en commettent une seule, le coupable est aussitôt suspendu par les mains au premier arbre. Dans cette situation, bientôt les forces lui manquent; il roule de précipice en précipice, et nul ne doit s'attendrir sur le sort de la victime, sous peine de partager son supplice. Ensuite les pèlerins doivent demeurer vingt-quatre heures les mains en croix, la bouche collée sur les genoux, c'est dans cette posture que chaque pèlerin fait sa confession : le moindre mouvement est puni de rudes coups de bâtons. Enfin l'on arrive au sommet d'une montagne qui est le terme du pèlerinage. Là, les goguis ont dressé une longue barre de fer, soutenant une balance; chacun des dévots entre tour-à-tour dans un des plateaux: un contrepoids est placé dans l'autre. Dans cette horrible situation, le pénitent doit confesser à haute voix ses fautes. Malheur à celui qui par son hésitation semble vouloir dissimuler quelques-uns de ses péchés, l'impitoyable goguis secoue aussitôt la barre, et, en punition de son sacrilége, l'infortuné est précipité au fond de l'abîme. Après cette épouvantable épreuve, les pèlerins sont admis à la faveur, si chèrement achetée, de présenter leurs hommages aux pieds d'une statue d'une de leurs divinités, en or massif, et après plusieurs autres pratiques de dévotion, ils reviennent chez eux célébrer par une fête leur délivrance.

Telles sont les horreurs dont le bouddhisme a ensanglanté et ensanglante encore le Japon. Vainement, pendant plus d'un siècle, le christianisme, apporté par les Portugais, a cherché à étendre dans ce pays sa salutaire influence; d'horribles persécutions exercées contre les chrétiens ont appris aux Européens que la foi japonaise était aussi cruelle envers ses serviteurs qu'intolérante et barbare envers ses adversaires.

—

Ce qui dans Péking paraît le plus étrange à un voyageur européen, c'est que parmi les objets étalés avec le plus d'éclat dans les boutiques, figurent au premier rang, et en grande majorité, des cercueils décorés avec soin et de divers prix. Ces bières ont deux fois le volume des plus grandes bières d'Europe, quoique les planches n'aient que trois pouces d'épaisseur. La pompe éclatante des brancards sur lesquels sont portés ces cercueils répond à leur magnificence, et n'est égalée que par le luxe des voitures qui servent aux mariages. Les uns et les autres sont ornés de dais somptueux. La plupart des rues sont tellement encombrées par les étalages des marchands, par les tentes et les boutiques ambulantes, qu'elles ne livrent qu'un étroit passage. Dans cet unique sentier circule incessamment un flot rapide de mandarins, de soldats, de voyageurs, de cortéges de mort ou de mariage.

TOURS DE FORCE CHINOIS.

Les tours de force de toute espèce sont de la plus haute antiquité. Partout où il y a eu de la civilisation, des grandes villes et par conséquent des curieux, ou, pour nous servir de notre bonne expression parisienne, de création toute française, des *badauds* à amuser gratis sur les places publiques, vous trouvez cette espèce d'hommes d'une organisation musculaire toute particulière, qui se sont réservé l'assez triste lot, dans nos sociétés encombrées, de jouer leur vie cinq ou six fois le jour pour manger du pain. Vous trouvez dans le vieil Homère, chez le quel on trouve tout, des danseurs de corde, que sais-je ?

des escamoteurs. Les places publiques d'Athènes et de Rome avaient, comme les nôtres, de ces petits spectacles en permanence, pour lesquels ces pauvres histrions des rues vous demandent, non point de l'argent, mais une heure, une demi-heure de votre temps. Le poëte Claudien, qui avait vu ceux de Rome et de Constantinople, nous a décrit précisément, dans de fort jolis vers, l'un des plus difficiles et des plus périlleux de ces tours de force, la pyramide, dont nous donnons ici la figure. Chez les modernes, on a fait de ces amusements forains un art presque sérieux. En Angleterre, par exemple le fameux Belzoni avait mis ce spectacle en vogue dans presque tous les comtés, avant qu'il devînt, par la suite, un des explicateurs les plus distingués des antiquités égyptiennes. L'Italie, qui fait ses délices de ces spectacles en plein air, et qui passe, non sans quelque raison, pour la grande pépinière des artistes forains, ne doit pas pourtant revendiquer pour elle seule la palme du tour de force. La Chine aussi, comme on le voit, peut mettre ses artistes sur la même ligne que les siens, du moins pour ce qui est de la pyramide. Celle que nous donnons ici fut représentée sur un théâtre de Pékin, et enleva, nous dit-on, tous les suffrages des spectateurs chinois et étrangers. De l'aveu même des plus anciens habitués de ces spectacles, on n'était pas encore arrivé à cette perfection. Le fait est qu'il fallut une incroyable dextérité pour élever l'une sur l'autre ces piles d'hommes, qui nous font assez ici l'effet de ces tours, châteaux-forts, ponts, et autres bâtiments de cette sorte construits en dominos par les petits enfants, frêles édifices que nos petits architectes ont tant de bonheur à rafler d'un seul souffle. Voici comment s'éleva la pyramide en question. Quatre hommes vigoureux se placèrent les uns à côté des autres, se serrant toutefois de manière à faire une base solide à l'édifice en construction; deux autres montèrent sur les quatre épaules formant piédestal, et prêtèrent à leur tour les leurs à un troisième, qui prêta les siennes à un quatrième, lequel arriva à cette hauteur, déjà fort raisonnable, au moyen d'une double échelle. Ainsi perché, ce dernier se fit hisser un cinquième homme, le plus grêle sans doute et le plus efflanqué de tous. Alors, saisissant le pauvre diable de sa main droite, et l'élevant au-dessus de sa tête, il le tint pendant quelque temps dans cette position, assez peu riante, comme on voit; et, après l'avoir balancé cinq ou six fois dans les airs, en se balançant lui-même sur son pied droit, il le lança dans la foule des spectateurs, qui le reçurent dans leurs bras, au milieu des acclamations de la multitude. On ne nous dit pas si les malheureux chargés de monter au pinacle, en sont toujours descendus avec tous leurs membres.

Addison nous raconte que dans un de ses voyages en Italie il assista à un spectacle fort goûté des Vénitiens, et particulier à ce peuple. Voici quel était ce spectacle : Des artisans réunis en bande joyeuse arrivèrent au moyen de planches qu'ils se placèrent sur les épaules les uns des autres, à élever une pyramide d'une forme parfaite, et qui avait jusqu'à six étages. Le poids était si bien distribué entre tous que chaque homme en avait sa part égale, et que nul n'était plus chargé que ses voisins. Les étages allaient toujours en se rétrécissant, comme cela a lieu dans la pyramide. Un enfant perché tout en haut représentait l'aiguille pyramidale ; il restait là quelque temps, puis il se laissait glisser avec une grande dextérité le long de cette muraille vivante, qui étendait ses mille bras pour le recevoir. La pyramide vénitienne est construite, comme on le voit, selon les strictes données de l'art, mais il s'en faut de beaucoup qu'elle ait, comme la pyramide chinoise, le dangereux mérite du tour de force. Au baladin chinois donc la palme de la dextérité et de l'intrépidité dans ses périlleux exercices.

USAGES CULINAIRES DES CHINOIS.

Le Chinois a senti, depuis longtemps, le besoin de ne rien perdre ; il a vaincu ses répugnances, a goûté de tout, et a fait entrer dans sa nourriture ordinaire beaucoup de productions de la nature que nous perdons.

Les classes populaires ont mangé, les premières, des substances que dédaignaient les riches ; c'est par elles que tous les progrès, enfants de la nécessité, prennent naissance, et plus tard tout le monde les a suivies. Je vais, messieurs, vous citer quelques exemples. Ces exemples, que j'emprunterai au règne animal, ne sont guère parvenus à la connaissance des Européens que depuis nos dernières expéditions dans la Chine et dans la Cochinchine ; le général Morin a reçu des échantillons de ces aliments, qui lui ont été envoyés par M. de Montravel et par plusieurs autres de nos officiers ; on peut en voir au Conservatoire.

La viande de chien passe, en Europe, pour la plus mauvaise de toutes les viandes ; on la dit immangeable. Les Chinois en ont jugé autrement ; ils engraissent les chiens qui commencent à vieillir et les mangent ; les étaux des bouchers sont garnis de viande de chien, comme des autres viandes. Les fermiers ont même formé une espèce de chien propre à l'engraissement, qu'ils appellent chiens de boucherie : c'est une variété de chien-loup, à oreilles droites, qui se distingue des autres en ce qu'elle a la langue, le palais et tout l'intérieur de la gueule de couleur noire.

Nous avons en France, en ce moment, un de ces chiens, dont voici l'histoire : un de nos vaisseaux de l'expédition de Cochinchine avait acheté, comme approvisionnement pour un retour en France, un lot d'animaux gras ; dans ce lot se trouvait ce chien de boucherie ; nos matelots, l'ayant aperçu, le délivrèrent, et ils l'ont ramené dans un de nos ports, où il continue d'être leur protégé.

On dit que, dans certains restaurants de nos grandes villes, on a parfois servi du chat pour du lapin : les Chinois n'ont pas de ces mystères ; ils tiennent ce mets pour excellent, et l'ont voit chez leurs marchands de comestibles des chats énormes suspendus avec leur tête et leur queue. Dans toutes les fermes, on trouve de ces animaux attachés à de petites chaînes pour être engraissés avec des restes de riz qui seraient perdus ; ce sont de gros chats qui ressemblent à ceux de nos comptoirs et de nos salons ; le repos qu'on leur impose facilite leur engraissement.

EXPÉDITION DE 1860.

I

Suite du désastre de Peï-Ho. — Préparatifs d'une expédition nouvelle concertée entre l'Angleterre et la France. — Composition de la flotte française et du corps de débarquement. — Dispositions défensives faites par le gouvernement chinois.

Au milieu du désastre que nous venons de raconter, une consolation restait à la France. Les marins français, les mêmes partout, au Peï-Ho, comme dans le Choo-King, devant Canton, avaient toujours porté haut la réputation de l'armée navale. A travers un océan de boue, quelques hommes arrivaient jusqu'aux forts, prêts à poser la seule échelle échappée au désastre, et parmi eux étaient huit Français, le brave commandant Tricault blessé, 3 officiers, 4 matelots.

Blessé aussi plusieurs fois, mais non mortellement, l'amiral Bruce tenta de se suicider ; il en fut empêché par son état-major, qui lui était très-dévoué.

Les alliés n'avaient pas en Chine des forces suffisantes pour tenter immédiatement des représailles. Ils prirent le parti le plus sage, celui de retourner à Shang-Haï et d'envoyer à Londres et à Paris des attachés pour faire connaître ce qui s'était passé et demander d'autres instructions. Ce prompt départ, qu'ils prirent pour une fuite, augmenta l'arrogance des Chinois.

A Londres et à Paris, mais à Londres surtout, la nouvelle inattendue de l'échec de Peï-Ho provoqua la stupeur et la colère. Cependant, il s'éleva, au sujet de la part du droit et de la moralité dans cet événement, des opinions opposées.

Malgré ces opinions divergentes, tout le monde s'accordait pour déclarer que la France et l'Angleterre ne pouvaient rester sous l'impression d'une sorte d'affront vis-à-vis d'un peuple orgueilleux et insolent; qu'il fallait frapper un grand coup pour montrer avec éclat la puissance des deux nations, et que probablement une occupation armée de Péking serait nécessaire pour abaisser l'orgueil produit chez les Chinois par leur éphémère succès.

Pour obéir à cette manifestation du sentiment général, une nouvelle et puissante expédition fut concertée entre les nations alliées. L'Angleterre prépara une flotte considérable, chargée de transporter en troupes de débarquement 5,000 Européens et autant de cipayes indiens. La France réunit sous le commandement du vice-amiral Charner une division d'environ 65 bâtiments, savoir : 1 vaisseau de ligne, le *Duperré*, 5 frégates à voiles, 2 frégates à vapeur, 1 corvette à voiles, *la Capricieuse*, 3 corvettes à vapeur, 6 avisos à va-

peur, 32 canonnières, dont 24 en fer; en outre, des transports des pontons, des bateaux à fond plat pour la navigation des fleuves, etc. Le général Cousin de Montauban était chargé du commandement des troupes de débarquement, lesquelles troupes furent composées des 101e et 102e de ligne.

Au moyen de permutations tous les officiers que leur santé ou leur âge rendaient impropres aux voyages de circumnavigation furent remplacés par des officiers de bonne volonté, et les demandes de ces derniers étaient si nombreuses, qu'il fallut au ministre de la guerre procéder à un choix rigoureux.

Aux 5 bataillons des 101e, 102e de ligne et 2e chasseurs à pied, on adjoignit 2 bataillons d'infanterie de marine, 2 compagnies du génie, 4 batteries d'artillerie montées (24 pièces rayées), 250 hommes du train des équipages militaires, avec 50 voitures, prolonges, fourgons, etc., 400 mulets et 50 chevaux, une section d'ouvriers d'administration composée d'ouvriers de tous les états, enfin 50 infirmiers et une force publique de 15 gendarmes commandés par un chef d'escadron faisant fonctions de grand prévôt du corps expéditionnaire. Les troupes étaient réparties en 2 brigades commandées chacune par un général. Les compagnies étant complétées à 125 hommes et les bataillons à 8 compagnies, l'infanterie comprenait un effectif de 7,000 hommes, ce qui portait le total du corps expéditionnaire à

8,000 hommes. Tout avait été prévu et discuté, marine, art militaire, politique, hygiène, et des médecins éclairés suivaient nos soldats sur ces lointains champs de bataille.

De son côté, le gouvernement chinois, qui s'attendait à une attaque, avait fait de grands préparatifs. Il avait augmenté les travaux de défense du Peï-Ho, fortifié les rives du fleuve jusqu'à Tien Tsin, restauré les murailles de Peking, établi dans les environs de fortes et nombreuses redoutes, fait des approvisionnements considérables de riz et concentré entre la capitale et la mer 200,000 Tartares sous les ordres du général mongol Sangko-linsin. Le gouvernement du Céleste-Empire avait consenti à recevoir à Peking M. Ward, ministre des Etats-Unis : mais ce diplomate n'avait pu obtenir une audience de l'empereur ni l'échange, à Peking même, des ratifications du traité conclu avec sa nation. Le cabinet chinois n'avait pas négligé de faire un appel à l'opinion et la *Gazette de Peking*, journal officiel, avait publié une sorte de manifeste par lequel le gouvernement justifiait sa conduite dans l'affaire de Peï-Ho et blâmait énergiquement celle des *barbares*.

Tout faisait donc prévoir une guerre sérieuse devant assurer des résultats décisifs.

II

Départ de l'expédition française. — Journal de bord d'un officier. — La vie en mer.— La manière de prendre un ris. — Lettre d'un passager de la *Dryade*. — Le pic de Ténériffe. — Passage de la ligne. — Prise d'un requin. — Chasse aux albatros. — L'ortie de mer. — Arrivée au cap de Bonne Espérance. — Etat sanitaire de l'expédition. — Arrivée et séjour à Shang-Haï du général de Montauban et des officiers de son état-major. — Détails sur la population et le commerce de cette ville. — Situation de Canton. — Formation d'un corps de portefaix chinois à Hong-Kong.

L'embarquement des troupes eut lieu à Toulon, le 27 novembre 1859; mais les vents contraires retinrent la flotte au port pendant quelques jours, et elle ne put mettre à la voile que le lundi, 5 décembre.

Nous empruntons aux correspondances particulières quelques détails intéressants sur la traversée.

Un jeune officier jurassien, faisant partie de l'avant-garde de l'expédition, adressa à sa famille une sorte de journal de bord dont voici des extraits :

« A bord du *Jura*, transport

mixte, en pleine mer, ce 19 décembre 1859.

« Mes chers parents,

« Vous avez remarqué comme moi cette bizarre coïncidence qui me jette par-dessus le bastingage du *Jura*, un coquet bâtiment, dont la machine siffle et dont les voiles s'enflent au vent tout à la fois.

« Je regarde comme un présage heureux ce rapprochement, qui me rappelle à tout instant ce cher vieux pays. Les premiers moments ont été durs ; le mal de mer est une terrible épreuve pour nos petits troupiers, et il fallait bien s'attendre à quelques grimaces aux premières nausées.

« A la diane, tout le monde saute à bas du lit suspendu, ou plutôt, jusqu'à présent on *roule* par terre pour en sortir ; par-dessus la chemise courte et classique de toile rousse, chacun passe un énorme pantalon de la même étoffe que ce premier vêtement ; des chaussettes de coton, un pardessus en toile blanche, un couvre-chef avec des ailes de condor complètent le déguisement du troupier, qui ressemble ainsi comme deux gouttes de lait à un colon d'Alger.

« Après le lever, on fume, on fait la lecture à haute voix, on raconte des histoires à faire frémir le grand mât ; puis, à un coup de clairon bien connu qui sonne la soupe, chacun se précipite autour du chef-d'œuvre confectionné par le maître coq, Vatel en chef du navire. C'est en général une soupe aux légumes secs. Après ce repas frugal, suivi d'un peu de café ou d'eau-de-vie, les hommes se promènent, essaient de monter au mât de perroquet et de suivre les gabiers ; ou bien ils se font expliquer pour la centième fois, par le lieutenant de service, la manœuvre qui consiste à prendre un ris. Les loustics excellent à cette scie qui fait poser les novices. On leur apprend avec force commentaires que cette manière de carguer les voiles est de la plus haute importance dans un pays comme la Chine, où les rizières abondent.

« A quatre heures, le coup de sifflet de l'officier de quart réunit encore les affamés autour de la popote, pêle-mêle avec les hommes d'équipage.

« Pour varier, c'est la même chose que le matin : soupe aux lentilles, aux haricots ou aux pommes de terre, ou simplement au bœuf salé, avec du lard et de l'eau douce.

« On donne un doigt de vin là-dessus à tout le monde, et alors commence la soirée. En général, on chante : chacun dit son couplet, bien ou mal, un air du pays, ou les bottes de Bastien, peu importe.

« Quand le plus vieux de la bande a débourré sa dix-septième pipe, on se couche. C'est facultatif.

« Quelques-uns se promènent toute la nuit, ne pouvant dormir. »

« 26 décembre.

« Nous sommes en vue de Ténériffe : il fait un brouillard atroce. Dans vingt-quatre heures nous mouillerons au petit port de Santa

Cruz; ce matin, au soleil levant, on apercevait le pic élevant au-dessus de la mer sa tête pointue. Quatre mille mètres de rocher dominant les vagues rougies par l'aurore, se détachaient sur un horizon gris et bleu. Rien n'était beau comme cette masse noire. Mes camarades et moi nous avons été réveillés par le commandant du *Jura*, pour contempler ce spectacle, un des plus imposants, nous a-t-il dit, qu'on puisse voir en traversée. »

« 27 décembre.

«Nous sommes à deux kilomètres des forts de Santa-Cruz.

« Ce soir nous serons à terre: j'éprouve le besoin de fouler un peu le plancher des génisses.

«Nous n'avons que trois hommes de malades, un seul dangereusement ; on le laissera à l'hôpital. Les autres navires le reprendront dans trois semaines, après guérison. »

« 28 décembre.

« Je finis ici ma longue lettre, mes chers parents; un vapeur en partance ramassera ce soir toute la correspondance de l'escadre et portera chez nous les souhaits de bonne année que nous formons tous pour les absents, entre le ciel et l'eau.

« J'ai visité Santa-Cruz, un trou assez laid, avec des maisons plus laides encore. Mais les environs sont magnifiques. Végétation superbe, feuillages luxuriants, rien n'y manque, pas même les crevasses dans le sol, des crevasses à engloutir un

cent-garde avec son cheval ; à mesure qu'on approche du pic, elles sont plus larges et plus nombreuses.

« Le sol est blanc, il fume comme la chaudière du *Jura*, avec un bruit singulier.

«J'aurais voulu monter plus haut, je n'ai pas eu le temps. Pour nous dédommager, nous avons dîné dans une posada de Lagouna, avec du poulet froid, du vin exquis, chaud comme le madère, et des confitures épaisses, noires, excellentes. Adieu ! »

Un passager à bord de la *Dryade* écrit de Cap-Town, le 18 février 1860, la lettre suivante à un de ses amis :

« Me voici arrivé au terme de ma première étape sans avoir été un seul instant malade, et je m'empresse de te donner des nouvelles du bord.

« Voici un petit résumé de notre voyage :

« Le 5 décembre, nous levons l'ancre aux cris mille fois répétés de : Vive l'Empereur! et Vive la France!

« Le 6, nous sommes en vue des Baléares et nous passons entre ces îles et l'Espagne; le 9, au détroit de Gibraltar, nous pouvons apercevoir à notre droite la flotte française dans les eaux d'Algésiras, et à gauche, au loin, les côtes du Maroc illuminées par un beau soleil; nous passons devant Tarifa et son enceinte fortifiée; la mer devient houleuse et nous perdons la terre de vue.

« Le 16, on aperçoit Ténériffe et

son pic fameux, haut de 3,710 mètres au-dessus du niveau de la mer; le 22, nous disons adieu pour longtemps à la terre; les soldats passent leur temps à pêcher des thons ou des bonites; le 24, passage du tropique du Cancer, et le 1er janvier nous fêtons la nouvelle année par le passage de la ligne.

« Voici comment s'accomplit cette cérémonie, qui consiste, comme on sait, à être inondé d'eau, à recevoir de la farine plein la figure, à avoir les pieds nus noircis avec du cirage. La veille du passage sous la ligne équatoriale, le père de la Ligne hèle le navire qui arrive à la hauteur de cette latitude, et le dialogue suivant a lieu :

« *Le père de la Ligne :* D. Ohé du navire? — R. Holà! — D. Quel est le nom du navire qui arrive dans notre empire? — R. Le *Rhône.* — D. Le nom du commandant? — R. M. Picard. — D Ah! nous le connaissons bien. Y a-t-il des passagers? — R. Oui. — D Y a-t-il des malades? — R. Tout le monde se porte à merveille. — D. Charmé. — R. Moi aussi. — D. Ont-ils payé le passage de la ligne? — R. Non. — Très-bien, reprend le père de la Ligne; je vais vous envoyer mon postillon.

« Alors descend de la hune du grand mât un matelot déguisé en postillon, et qui, à l'arrière, rencontre un meunier et son âne; il s'empare du baudet, non sans être convenu du prix. Monté sur maître Aliboron, vêtu d'un simple caleçon de bain, la poitrine et la figure toutes barbouillées de noir et sonnant de la cloche, il arrive, précédé d'un matelot tout nu, devant le commandant du bord, auquel il remet une lettre annonçant l'arrivée du père de la Ligne. Le commandant, après avoir pris connaissance de la missive, offrit du vin au postillon et à son escorte, l'âne compris, qui ne se fait pas prier cette fois, quoiqu'il eût refusé constamment l'eau qu'on lui présentait pendant sa marche.

« Le lendemain, à l'heure convenue, le père, accompagné de son épouse, de Neptune, d'un prêtre, d'un astrologue, d'une multitude de noirs représentant différents personnages, de quatre gendarmes chargés d'appréhender au corps ceux qui se refuseraient à recevoir le baptême, arrive traîné sur un petit char, et va prendre place à l'endroit où chacun doit être baptisé.

« Les passagers importants, munis d'une pièce d'argent qu'ils déposent sur un plateau tenu par un mousse déguisé en enfant de chœur, viennent s'asseoir sur une planche posée en travers sur une bâille remplie d'eau de mer, ils en sont quittes pour un peu d'eau au front et au poignet. Quant aux autres passagers, ils se trouvent renversés dans la bâille par suite du retrait brusque de la planche, et reçoivent en outre un ou deux seaux d'eau jetés de trois mètres de hauteur. Survient un barbier qui les rase avec de l'eau de farine, et un brosseur accourt pour leur frotter les pieds nus et le bas de leur pantalon avec du cirage. La foule est ensuite baptisée en masse avec les pompes du navire et de l'eau jetée du haut des huniers.

« Je reprends maintenant l'itinéraire du navire. Nous entrons dans la région des calmes ; on fait peu de chemin ; le 12 janvier, on passe le tropique du Capricorne ; le 24, prise d'un requin énorme, à la peau rude, semblable à une lime, et ses deux pilotes. Tout le monde sait que, lorsque le requin est pris, son pilote se colle à lui et se laisse prendre en même temps ; le requin dépecé fut partagé entre tous les passagers ; j'ai eu ma part, et naturellement j'ai voulu le goûter ; la chair est dure et coriace, mais assaisonnée fortement et très-épicée, cela se laisse manger.

« A partir du 26, on longe les côtes d'Afrique et nous faisons la connaissance des albatros au corps blanc et noir et au bec deux fois recourbé. Chacun d'en manger et de vouloir les pattes pour faire des blagues à tabac, et les os pour s'en servir en guise de tuyaux de pipe. Nous prîmes encore deux requins, un marsouin et une énorme ortie de mer, mollusque phosphorescent, dont le contact sur l'épiderme produit une cuisson très-vive ; le 29, nous apercevons les îles Tristan Dacouna, par 36° latitude sud. Enfin, le 7 février au matin, nous sommes en vue de *Table-Bay* (cap de Bonne-Espérance).

« Nous arrivons ainsi, après

soixante-quinze jours de traversée, par une brise arrière et à l'aide de la machine ; la ville du Cap nous apparaît comme un petit amas de maisons abritées derrière les masses gigantesques de rochers schisteux d'une hauteur incroyable que l'on nomme *la Croupe du lion* et

la Tête du diable. Le sol se relève ensuite à pic et forme un immense plateau uni, régulier, situé à 1,163 mètres au-dessus du niveau de la mer, *la Table*, d'où partent les rafales et coups de vent terribles qui ont fait à juste titre nommer cette colonie *Cap des Tempêtes*.

« Des navires de guerre de toutes nations, réunis dans le port, répondent au salut de la *Dryade*, qui est suivie de près par le *Calvados* et la *Gironde*. Nous trouvons ici l'*Andromaque*, arrivée le 30 janvier et qui part demain pour Singapour, l'*Entreprenante* et la *Persévérante*, le *Rhône*, arrivé le 9, le *Rhin* le 12, la *Loire* le lendemain.

« Des banquets ont été offerts et rendus par les autorités du Cap et les officiers supérieurs et le consul français.

« Grâce aux précautions prises, aux distractions journalières offertes sur les bâtiments aux hommes embarqués, à l'entrain, à la gaieté des équipages, cette longue traversée s'est faite sans que les maladies ou la nostalgie prissent leur tribut ordinaire.

« Chaque navire ne donne par jour que 200 permissions de terre. Chacun de vouloir goûter le fameux vin du pays; or il y en a de plusieurs sortes: le *Stelenboch*, vin blanc inférieur aux crûs de Ténériffe, et coûtant un demi-schilling la bouteille; le *Frontac*, un peu âcre et plus cher; le *Frontignac*, qui ressemble au Malvoisie, et enfin le *Constance*, rouge, qui est fort peu à la portée des bourses de nos soldats.»

Nous allons compléter les détails qu'on vient de lire par un fragments d'autres correspondances.

« Table-Bay (cap de Bonne-Espérance), 11 février.

« La frégate *la Forte*, partie de Cherbourg le 8 décembre 1859, et ayant à bord quatre compagnies d'infanterie de marine, a fait sa traversée à Table-Bay sans avoir relâché. On s'est évertué de trouver à bord le plus de distractions possibles telles qu'un petit théâtre où l'on jouait les pièces les plus désopilantes du répertoire du Palais-Royal.

« La *Dryade* a monté aussi un théâtre à l'instar des Funambules. Les acteurs, pris parmi les soldats du 102e, se tirent à merveille de leur rôle.

« Le passage de la ligne est venu en outre faire diversion aux ennuis d'un aussi long séjour à bord. Je crois inutile de vous rappeler tous les incidents de ce baptême; cérémonie dans laquelle l'eau coule avec trop d'abondance sur ceux qui refusent de prêter à l'aumônier du père la Ligne le serment « de ne jamais désirer la femme d'un marin. » Au plus fort de la cérémonie, c'est-à-dire au moment où l'on ne pouvait plus faire un pas sur le pont sans avoir un jet de pompe braqué sur soi, et tandis que Neptune, dans un costume tout à fait primitif, trônait sur le banc de quart, le père la Ligne, sa fille et toute sa suite, se tenant assis sur la dunette, vint à passer à contre-bord de nous un bâtiment anglais arrivant de l'Inde avec de nombreux passagers et passagères. Nous leur avons envoyé un immense hourra.

« A notre arrivée au Cap, la *Vengeance*, frégate à voiles, portant quatre compagnies d'infanterie de marine, était déjà partie pour Hong-Kong.

« Depuis que nous sommes ici, tous les autres transports sont arrivés successivement.

« La ville du Cap présente dans ce moment le coup d'œil le plus curieux. Partout on ne voit que des uniformes français. Les hôtels sont littéralement envahis, aussi leurs propriétaires doivent-ils faire de l'or. Ils ne sont pas les seuls qui abusent un peu de notre présence : les marchands nous vendent tout fort cher, et en outre ils spéculent sur le change; pour eux, la pièce de 20 fr. ne vaut plus que 17 francs 50 centimes.»

« Cap de Bonne-Espérance, 19 février.

« Le paquebot qui doit porter ces lignes en France va quitter la rade, et c'est à la hâte que je vous écris.

« Partis de Ténériffe le 29 décembre, nous sommes arrivés le 9 février au Cap; depuis le passage de l'Equateur, qui a eu lieu le 12 janvier, nous avons été contrariés par un vent très-fort et persistant qui nous a fait gagner le sud-ouest et nous a jetés du côté de l'Amérique du Sud. Sans cela, le *Rhône*, qui est un fin voilier, nous eût conduits au Cap en moins de trente jours. L'on chauffe le moins possible, pour éviter aux soldats et à l'équipage les graves inconvénients qui peuvent résulter de la chaleur énorme des fourneaux unie à la température accablante des latitudes sous lesquelles nous nous trouvons. Du reste, point de maladies sérieuses à bord, et fort peu d'indispositions.

« Dans la nuit du 6 au 7 février nous avons eu le spectacle d'une magnifique éclipse de lune. Elle était presque totale, et l'on n'apercevait qu'un croissant excessivement petit.

« Que vous dire maintenant de cette longue traversée de quarante-trois jours, pendant laquelle l'on n'a signalé qu'une seule fois la terre? Cette terre, signalée à huit lieues à l'horizon, était Sainte-Hélène, ce lieu d'agonie où mourut le plus grand capitaine des temps modernes.

« Au nom de ce rocher perdu dans l'Atlantique, nous nous sommes tous spontanément découverts.

« La vie de bord, vous la connaissez peut-être, monsieur; elle est monotone. Il ne faut pas croire, cependant, que nous n'ayons pas de divertissements; je veux vous parler tout de suite du bal du dimanche, qui a lieu sur la dunette et qui se prolonge de midi à quatre heures; la moitié du personnel dansant est grotesquement affublée de vêtements de femmes, ce qui donne à tous ces groupes une physionomie des plus carnavalesques.

« Pendant tout le temps que dure le bal, la fanfare du bataillon joue des quadrilles, des polkas et des valses avec un entrain et un courage dignes d'un meilleur sort.

« Et puis, le soir venu, on dresse le théâtre où les artistes de la troupe jouent, de sept heures à minuit, des vaudevilles en un acte.

« Pendant les trois jours qui ont précédé notre arrivée au Cap, nous avons eu une mer très-grosse; le vent était tellement violent et la houle si forte que cela ressemblait à une véritable tempête; il n'y a pas eu de danger sérieux et l'on s'est contenté de carguer quelques voiles. Emporté par une lame qui venait se briser sur le navire, un matelot a été enlevé du bastingage et jeté à la mer. On envoya aussitôt la bouée de sauvetage, qu'il parvint à saisir; et, grâce au courageux dévouement de quelques marins de l'équipage, d'un enseigne et de deux aspirants qui se jetèrent dans un canot malgré la tourmente, il fut ramené sain et sauf à bord.

« En quittant le Cap nous nous dirigeons sur Singapore, dans l'Inde anglaise; nous comptons sur une traversée de 50 à 55 jours. La navigation dans l'archipel de la Sonde est des plus difficiles et n'est pas sans souffrir des dangers. Pendant tout le temps que nous nous trouverons dans ces parages, l'on mouillera à six heures du soir chaque jour,

pour remettre à la voile le lendemain matin.

« Après avoir touché à Singapore
nous gagnerons Hong-Kong, où
nous relâcherons, pour la dernière
fois avant notre arrivée à destination.

La *Némésis*, steamer anglais, à
bord duquel s'est embarqué le
général de Montauban, ainsi que
sa suite, est arrivée à Ceylan le 4 février. Un passager, qui a fait le trajet par le même bâtiment, a adressé
la lettre suivante en France.

« Ceylan, 4 février 1830, à bord de
la *Némésis*.

« Le 15, je me suis arrêté à Malte
pendant six heures; le 19, je suis
arrivé à Alexandrie, où nous avons
passé la journée; le soir, nous
avons pris le chemin de fer pour le
Caire, où nous sommes arrivés à
minuit. Pendant toute la journée
du lendemain, nous avons admiré
cette curieuse ville orientale : je
n'avais jamais rien vu d'aussi merveilleux que l'aspect de ces centaines de minarets, plus élancés,
plus fantastiques les uns que les
autres, située sur le bord du Nil,
au milieu du désert, et d'où j'ai
pu contempler les Pyramides. A
partir de ce moment, nous avons
ressenti la chaleur, et la température a continué à s'élever. Aujour-
d'hui, nous nous faisons éventer
toute la journée par des Indiens.

« Le chemin de fer que nous reprîmes au Caire, le 21 au soir, nous
transporta à Suez, et le 22, au matin, nous étions à bord de la
Némésis, qui nous y attendait.

Nous avons pu nous convaincre,
pendant cinq jours, que la mer
Rouge est aussi bleue que le ciel
le plus azuré. Le 27 au matin,
nous sommes arrivés à Aden, véritable volcan refroidi, que l'Angleterre a fortifié d'une manière
extraordinaire. On n'y voit nulle
trace de végétation, rien que des
rochers couverts de lave formant
des montagnes aux pics aussi den-
telés que ceux des glaciers du
Mont-Blanc : c'est un joli paysage
sous ce ciel chaud, mais qui serait
affreux sous le ciel sombre d'Angleterre. Je suis resté une journée
au milieu de la ville, bâtie au centre de l'ancien cratère; la population est arabe et persane, avec
quelques Anglais, officiers commandant la garnison de cipayes
et les contingents fournis par les
indigènes.

« Le 27, à huit heures du soir,
nous avons quitté cette presqu'île,
et depuis nous n'avons vu la terre
qu'un instant en côtoyant la côte
de l'île Socotora.

« Demain, nous serons à l'île de
Ceylan : nous toucherons à la
pointe de Galle, où nous espérons
rester un jour pour admirer cette
luxuriante végétation des tropi-
ques, dont le Caire m'a déjà donné
une faible idée. Galle est située
sous le 5e degré et nous allons y
trouver tous les fruits de ces pays :
l'ananas s'y vend 6 centimes. Ici l'é-
léphant est le seul moyen de transport, on le trouve partout, à l'état
domestique ou libre : si l'on s'arrête quatre ou cinq jours, je pourrai
aller jusqu'à Kandy, et pour arri-

-er, j'aurai à traverser des forêts vierges et des montagnes d'un aspect particulier : ce pays a fait l'admiration des plus célèbres voyageurs. »

D'après d'autres correspondances particulières, l'état sanitaire du corps expéditionnaire, réuni presque tout entier en rade du Cap, était des plus satisfaisants. Sur près de 8,000 hommes embarqués, la mortalité était proportionnellement moindre que sur un corps d'infanterie en garnison en France. Au contraire, on remarquait que la santé des soldats s'améliorait avec le régime de la mer et l'on avait tout lieu de présumer que tout le corps expéditionnaire ferait son entrée en campagne dans d'excellentes conditions.

Voici l'état des bâtiments arrivés au Cap le 20 février, avec indication du nombre des morts pendant la traversée et des malades laissés à l'ambulance du Cap.

Navires.	Effectif.	Morts.	Malades.
Vengeance...	600	»	»
Andromaque..	600	10	12
Entreprenante.	1,400	8	2
Dryade.....	1,200	3	3
Persévérante..	600	»	»
Calvados	1,000	5	»
Garonne....	1,000	»	»
Forte.....	600	4	1
Rhône.....	1,100	6	4
Rhin......	300	2	»
Nièvre	300	1	2
Loire	300	»	»

Le navire-hôpital le *Duperré* prit à son passage au Cap ceux des malades qui se trouvaient rétablis.

Au commencement de mars, le général de Montauban, commandant en chef de l'armée française, était à Shang-Haï avec son état-major et quelques officiers d'administration. Ceux-ci s'occupaient sans relâche à acheter tout ce qui leur tombait sous la main, depuis le steamer jusqu'au plus petit bateau de transport. Le fret était à un prix excessif. Les troupes de l'expédition étaient attendues de jour en jour.

Des correspondances reçues de Shang-Haï et portant la date du 20 mars rapportent que la pluie tombait depuis 15 jours dans cette ville avec grande abondance et que les officiers logés en cet endroit étaient obligés de faire du feu dans leurs appartements. Les Européens seuls avaient recours à cette chaleur factice. Pour échapper à la rigueur du froid, les Chinois se contentaient de remplacer leurs vêtements de soie larges et légers par des pelisses ouatées et garnies de fourrures. Cette froide température et l'air vif que l'on respirait réparaient d'ailleurs avantageusement les forces des soldats de l'expédition énervés par la chaleur tropicale qui pendant près de deux mois les avait accablés.

Le nom primitif de Shang-Haï était *Hou*, qui signifie *pêche au bambou*. La manière de prendre le poisson, usitée encore en ce pays, consiste à enfoncer dans la rivière des pieux de bambous reliés entre eux par des branches flexibles ou des cordages ; on établit ainsi 2 ou 3 rangées de pieux qui viennent converger vers le rivage. La marée montante couvre cette espèce de réservoir de ses eaux qui, en se retirant, laissent toujours un certain nombre de poissons prisonniers dans cette muraille de bambous. C'est par extension qu'on a donné à un village le nom de cette pêche qui occupait la plupart de ses habitants.

Depuis le commencement du XIIe siècle, le nom de Hou a été remplacé par diverses dénominations qu'il serait trop long d'énumérer. Vers 1600, on désigna ce village par l'épithète de *Mer supérieure* et on le nomma *Canhay*, puis *Shanhae, Zanghae, Xanghae, Shanghay* et enfin *Shanguïe* que l'on prononce en français comme s'il était écrit *Changuïe*.

En 1844, on comptait à Shang-Haï : 23 Européens résidant avec leurs familles, 11 maisons de commerce, 2 missionnaires et un consulat. Dix ans après, dès le commencement de 1855, on y comptait 340 Européens outre leurs familles, 68 maisons de commerce, 35 missionnaires et 8 consulats représentant les nations les plus considérables. Aujourd'hui, tous ces chiffres ont singulièrement augmenté et tendent à s'accroître encore. Si l'on considère les tableaux d'importations et d'exportations publiés tous les 3 mois par le bureau des douanes de Shang-Haï, on peut prédire à coup sûr que cette ville deviendra avant peu d'années l'une des plus importantes du Céleste-Empire.

Voici des chiffres qui résument assez bien le mouvement d'entrée et de sortie du port de Shang-Haï.

Piastres ou lingots d'argent	140,000,000
Sapèques.	20,000,000
Opium.	140,000,000
Marchandises diverses. . .	150,000,000
Total du chiffre d'import.	450,000,000
— d'export.	400,000,000
	850,000,000

III

Projet de l'ultimatum de la France et de l'Angleterre. — Conventions entre ces deux pays. — Perte du navire l'*Isère*. — Les Français défendent les ennemis contre les révoltés. — Arrivée des plénipotentiaires anglais et français.

Le gouvernement chinois rejeta l'*ultimatum* de la France et de l'Angleterre. Il refusa de faire les excuses qu'on lui avait demandées et d'exprimer un regret quelconque au sujet de l'affaire du Péï-ho; il déclara que si les Européens essayaient de remonter à Peking par le Péï-ho, les forts de Takü leur fermeraient encore le passage; il ne consentit à rendre ni les vaisseaux ni les canons pris à l'embouchure de la rivière et ne voulut payer aucune indemnité.

Il paraîtrait même que l'*ultimatum* n'avait pas été communiqué à l'empereur de Chine. Il était donc bon d'aller à Péking pour apprendre au Fils du Ciel ce qui se passait dans ses Etats.

Voici le texte de la dépêche du grand conseil adressée à Ho, gouverneur des deux Kiang, par le cabinet de Péking.

« Le grand conseil a reçu hier la dépêche do Votre Excellence, transmettant une lettre officielle de l'envoyé français qui, ayant été, à ce qu'il dit, empêché par les autorités chinoises de se rendre à la capitale lorsque, dans l'intention de venir y échanger les ratifications du traité, il se rendit à l'embouchure du Péï-ho, dans le courant de la cinquième lune de l'année dernière, demande le remboursement des frais de la guerre et une indemnité pour l'attaque dont un de ses navires aurait été l'objet.

« Le grand conseil trouve que ce n'est pas la Chine qui s'est montrée déloyale en cette occasion, car ce sont les Anglais qui, au mépris des ordres que nous avions le droit de leur donner, vinrent avec une armée à l'entrée du fleuve de Tien-Tsin pour y détruire les obstacles préparés pour la défense.

« Les Français et les Américains ne se sont pas joints à eux ; aussi les autorités du port se sont-elles empressées d'envoyer auprès d'eux demander des informations et enjoindre à leurs navires de prendre la route de Pétang pour se rendre à la capitale ; mais, comme le navire français était déjà parti, ce furent les Américains seuls qui vinrent à Pétang échanger leur traité : la raison en était que les Français avaient négligé de nous notifier officiellement qu'ils étaient arrivés *à la suite des Américains*.

« D'ailleurs, après le départ des Français, Votre Excellence leur a fait savoir par une dépêche adressée à Shang-Haï que, puisqu'ils ne s'étaient pas joints à l'attaque, ils pouvaient échanger leur traité, pourvu qu'ils en exprimassent le désir, et se rendissent, à l'instar des Américains, à Pétang. Les archives en font foi.

« Quant au paragraphe concernant le payement des dommages et intérêts pour l'attaque et la destruction d'un navire, ainsi que d'une indemnité pour les frais de la guerre, puisque les Français n'ont pas aidé les Anglais dans leurs hostilités contre les Chinois, comment aurions-nous pu attaquer ou détruire leurs navires ? Et si l'on parle de dommages et intérêts ou indemnités de guerre, la Chine a dépensé assurément, ces dernières années, millions sur millions en vue de la guerre ; et s'il s'agissait de remboursements réciproques, ce qu'on pourrait réclamer de la Chine n'atteindrait certes pas à la moitié de ce qui lui serait dû à elle-même.

« D'ailleurs, la France ayant sollicité l'année dernière, avec instance, l'assimilation, pour le payement des droits à Taï-Wan et autres ports de son commerce, à celui des Américains, le grand empereur, toujours plein de compassion pour les étrangers, ne les traitant qu'avec une libérale humanité et n'ayant que de la sollicitude pour le commerce, n'a pas voulu tenir compte de ce que le traité français n'avait pas été échangé, et a daigné étendre aux Français les avantages concédés aux Américains.

« N'était-ce-pas les traiter avec générosité ? Et voici que les Français, au lieu d'en être reconnaissants, parlent au contraire excuses, attaques, dommages et intérêts et indemnité de guerre, s'avisant encore de fixer dans leur dépêche des délais à cet effet, toutes choses assurément aussi extravagantes qu'inouïes et déraisonnables.

« Pour ce qui regarde le paragraphe relatif à la résidence permanente à Péking, le conseil trouve que le traité français n'en dit pas un mot, car l'article 2 stipule seulement que, « dans le cas où une « autre puissance inscrirait dans « son traité qu'elle enverrait des « ambassadeurs ou envoyés dans « notre capitale, la France pourrait « également en faire autant. » Or, » Angleterre ayant fait l'année dernière les instances les plus pressantes à ce sujet, il lui fut répondu catégoriquement par les commissaires impériaux Koueï et autres que cela était impossible. Les Français n'ont donc en aucune façon à s'occuper de cette affaire.

« Reste leur demande d'être autorisés à venir au nord pour échanger les ratifications de leur traité. Et il est à dire à cet égard que si les Français veulent se soumettre à ce que Votre Excellence entre en négociations avec eux à Shang-Haï, au sujet de ce qui, dans le traité, doit avoir son plein et entier effet, ils pourront évidemment y être autorisés après que tout aura été convenu et qu'il n'y aura plus d'objections ni de part ni d'autre, n'amenant bien entendu avec eux, aux termes du traité, que peu de monde et pas de bâtiments de guerre.

« Dans ce cas, la Chine ne manquera pas de les traiter convenablement, pourvu encore qu'ils prennent la route de Pétang. Mais s'ils viennent avec des navires de guerre et s'ils se présentent devant Takou, c'est qu'ils n'auront pas l'intention sincère d'échanger les ratifications de leur traité, mais seront mus, au contraire, par de mauvais sentiments.

« Aussi, pour éviter que cela ne donne lieu à des soupçons, à de l'inimitié et à d'autres inconvénients semblables, est-il nécessaire que Votre Excellence fasse pleinement connaître ce qui précède à l'envoyé de la France. »

« Une communication identique ayant été faite au représentant de Sa Majesté Britannique, les ministres de France et d'Angleterre ont immédiatement remis aux commandants des forces de terre et de mer des deux nations le soin de se concerter sur les mesures à prendre pour contraindre le gouvernement chinois à exécuter les engagements qui résultent pour lui du traité de Tien-Tsin.

A la suite de ce document le *Moniteur* publiait le texte de la convention suivante, conclue entre la France et la Grande-Bretagne relativement à l'expédition de Chine. Art. 1er. Lorsqu'une prise sera faite en commun par les forces navales des deux pays, le jugement en appartiendra à la juridiction du pays dont le pavillon aura été porté par l'officier qui aura eu le commandement supérieur dans l'action. Art. 2. Lorsqu'une prise sera faite par un croiseur de l'une des deux nations alliées, en présence et en vue d'un croiseur de l'autre, qui aura ainsi contribué à intimider l'ennemi et à encourager le capteur, le jugement en appartiendra à la juridiction du capteur effectif. Art. 3. En cas de capture d'un bâtiment de la marine marchande de l'un des deux pays, le jugement en appartiendra toujours à la juridiction du pays du bâtiment capturé; la cargaison suivra, quant à la juridiction, le sort du bâtiment. Art. 4. En cas de condamnation dans les circonstances prévues par les articles précédents : 1° Si la capture a été faite par des bâtiments des deux nations, agissant en commun, le produit net de la prise, déduction faite des dépenses nécessaires, sera divisé en autant de parts qu'il y aura d'hommes embarqués sur les bâtiments capteurs, sans tenir compte des grades, et les parts revenant aux hommes embarqués sur les bâtiments de la nation alliée seront payées et delivrées à la personne qui sera dûment autorisée par le gouvernement allié à les recevoir, et la répartition des sommes revenant aux bâtiments respectifs sera faite par les soins de chaque gouvernement, suivant les lois et les règlements du pays. 2° Si la prise a été faite par les croiseurs de l'une des deux nations alliées, en présence et en vue d'un croiseur de l'autre, le partage, le payement et la répartition du produit net de la prise, déduction faite des dépenses nécessaires, auront lieu également de la manière indiquée ci-dessus. 3° Si la prise faite par un croiseur de l'un des deux pays a été jugée par les tribunaux de l'autre, le produit net de la prise, déduction faite des dépenses nécessaires, sera remis de la même manière au gouvernement du capteur, pour être distribué conformément à ses lois et règlements. Art. 5. Les commandants des bâtiments de guerre de Leurs Majestés se conformeront, pour la conduite et la remise des prises, aux instructions jointes à la présente convention, et que les deux gouvernements se réservent de modifier, s'il y a lieu, d'un commun accord. Art. 6. Lorsque pour l'exécution de la présente convention, il y aura lieu de procéder à l'estimation d'un bâtiment de guerre capturé, cette estimation portera sur sa valeur effective, et le gouvernement allié aura la faculté de déléguer un ou plusieurs officiers compétents pour concourir à l'estimation. En cas de désaccord, le sort décidera quel officier devra avoir la voix prépondérante. Art. 7. Les équipages des bâtiments capturés seront traités suivant les lois et règlements du pays auquel la présente convention attribue le jugement de la capture. Art. 8. Quant au mode de partage des trophées et du butin pris par les armées de terre combinées de Leurs Majestés, il est convenu :

1° Que les drapeaux, canons et autres objets susceptibles d'être considérés comme trophées, pris par des corps ou parties de corps, appartenant aux armées de terre des deux pays et agissant en commun, avec ou sans le concours des forces navales combinées, seront partagés par moitié entre les deux gouvernements; 2° Que ce partage aura lieu par corps d'armée; 3° Qu'un tirage au sort entre les deux commandants en chef déterminera le premier choix pour chaque nature de trophées; 4° Que le partage du butin et de la valeur des trophées, tels que canons et autres objets susceptibles d'évaluation, aura lieu entre les deux gouvernements, suivant le nombre d'hommes qui auront concouru à la capture, et sans déduction de ceux qui auront péri dans l'action, pour que le produit puisse en être distribué, selon la législation intérieure de chaque pays;

« 5° Que les questions contentieuses qui pourraient s'élever à l'occasion du partage du butin seront décidées par une commission mixte, établie à Paris et formée de deux délégués, l'un français, l'autre anglais, désignés par les gouvernements respectifs. Ces délégués, avant d'entrer dans l'exercice de leurs fonctions, choisiront deux personnes, dont l'une sera désignée par le sort, pour agir comme surarbitre dans tous les cas où ils pourraient eux-mêmes être en désaccord. La décision des délégués ou, le cas échéant, du surarbitre, sera définitive et sans appel; 6° Que lorsqu'il y aura lieu de faire sur place l'évaluation d'un objet pris, cette évaluation sera faite par une commission mixte, composée d'officiers compétents. Art. 9. La présente convention sera ratifiée, et les ratifications en seront échangées à Paris, dans le délai de dix jours, ou plus tôt si faire se peut. En foi de quoi les plénipotentiaires respectifs ont signé la présente convention, et y ont apposé le cachet de leurs armes. »

En attendant la guerre, les Européens faisaient des transactions commerciales avec les Chinois, comme en pleine paix : rare exemple d'une anomalie politique aussi bizarre.

Le 17 mai, le navire l'Isère, qui était parti de Hong-Kong, en entrant dans une petite baie de l'île d'Amon pour y chercher un abri contre la tempête, toucha, à 10 heures du matin, sur une roche cachée sous l'eau à 5 ou 6 mètres de profondeur. Bientôt des voies d'eau se déclarèrent et l'on mit en mouvement toutes les pompes du bord. La Saône, qui revenait de Segond, et se trouvait au mouillage dans cette baie, et des navires anglais, envoyèrent des secours et des pompes; mais tous les efforts furent inutiles, le bâtiment était perdu, il fallait songer au sauvetage. Tous les passagers furent recueillis à bord da la *Saône* ainsi que leurs effets, qu'ils sauvèrent presque tous plus ou moins avariés, et on retira le plus de matériel possible. Sur 100 bœufs que ce bâtiment avait à bord, 20 furent noyés.

Cependant toutes les forces se réunissaient et se trouvaient dans l'état le plus satisfaisant. Les Anglais et les Français occupèrent conjointement l'île de Chusan. Les soldats français méprisaient souverainement leurs futurs ennemis. En présence d'une terre qui donne deux récoltes par an, d'une culture si bien entendue et de tant d'autres éléments de richesse, ils se demandaient comment ce peuple pouvait être dégradé au point d'avoir perdu le sentiment de sa propre dignité et de l'honneur national. Enclin aux vices les plus bas, il se montrait lâche et tremblant devant tout Européen; deux troupiers mettaient en fuite une cinquantaine de Chinois. Il faut chercher sans doute la cause d'une pareille décrepitude dons une civilisation trop vieille et qui n'a pas fait un pas depuis cinq à six siècles avant l'ère chrétienne. La terre, quelque riche qu'elle soit, ne suffit pas à nourrir cette population abâtardie ; aussi les infanticides y sont passés en habitude : des milliers de pauvres petites creatures étaient abandonnées journellement au courant des eaux, qui, plus d'une fois, apportèrent leurs cadavres jusqu'au bord des vais-

seaux français. Il est à remarquer que les filles seules sont victimes de cette barbare coutume. Ce peuple n'honore pas plus les morts qu'il ne respecte les vivants ; il ne les enterre pas : les cercueils sont déposés en plein air, au milieu des champs et sur le bord des chemins, exposés à la profanation du premier venu, ce qui choquait singulièrement les idées de nos soldats. Si les Chinois ont peu de respect pour leurs propres morts, ils en ont moins encore pour les nôtres. On avait enterré sur le rivage un officier du 101e de ligne qui s'était noyé ; le lendemain on trouvait son cadavre déterré : les Chinois, avides et rapaces, à un degré inqualifiable, croyant qu'il avait été inhumé avec ses insignes, avaient violé sa sepulture. Les troupiers indignés en assommèrent quelques-uns. Depuis lors les Chinois ne descendirent plus à terre ; aussi leur exaspération était grande, et ils se promettaient bien de faire des soldats français une gigantesque déconfiture lorsque le moment serait venu.

Comme nous l'avons expliqué, l'empire chinois est divisé en deux camps : le parti de la conquête, représenté par l'empereur et ses Tartares, et le parti national des rebelles, qui, plusieurs fois déjà, a mis le premier à deux doigts de sa perte. Malheureusement il a gâté sa cause par des exactions, des violences et des meurtres sans nombre, rançonnant tout le monde, amis et ennemis. Lors de l'arrivée des Français, les rebelles se portaient sur Shang-Haï pour le mettre au pillage. Le gouverneur de la ville, incapable de résister à 12,000 pillards, vint réclamer l'appui du général Montauban, promettant un million à partager entre les défenseurs. Nos soldats étaient prêts, lorsque les rebelles ayant appris leur présence, se retirèrent en toute hâte, se rappelant que lors du premier sac de la ville, quatre ans auparavant, les équipages de trois vaisseaux français les avaient mis en fuite après leur avoir fait subir des pertes énormes.

Nos troupes eurent du reste plus d'une fois l'occasion bien singulière de défendre contre ses sujets un souverain auquel elles venaient faire la guerre. C'est une des curieuses choses que les Français furent appelés à voir dans ce curieux pays.

Aux dernières nouvelles, lord Elgin, plénipotentiaire anglais, et le baron Gros, plénipotentiaire français, étaient arrivés à Hong-Kong. On pensait qu'après un fait d'armes destiné à imposer au gouverneur chinois, les négociations reprendraient et aboutiraient à un traité avantageux pour l'Angleterre et la France, qui se réserveraient toutes les garanties désirables.

IV

Occupation de l'Ile de Chusan par les armées alliées. — Arrivée à Shang-haï. — Li-Kacou. — Tsem-Zu. — Naufrage du *Malabar*. — Etablissement du camp de Tché-Fu. — Départ pour le Nord — Prise des forts de Pé-Tang. — Trahison des Chinois. — Entrée à Pékin.

Les Français et les Anglais occupèrent en commun l'île de Chusan. Cette île, qui est saine, offre pour cette destination de très-grands avantages. Les relations entre les deux armées étaient excellentes; l'entente la plus parfaite ne cessait de régner entre le général de Montauban et sir Hope Grant, général en chef du corps britannique. Arrivées à Shang-haï, ville considérable où elles séjournèrent peu, les troupes partirent pour Tsi-pa-ó, où elles arrivèrent le 7 juillet.

Nous restons à Tsi-pa-o le 8; le 9, nous remontons le canal, sur une étendue de 8 kilomètres, pour allee aux nouvelles et savoir si les rebelles approchent. Les interprètes n'ayant rien pu découvrir, nous retournons à notre campement du 8, où nous passons la nuit. Le 10, nous partons pour Zi-ka-wee où notre colonne est actuellement. Un poste avancé, composé d'Anglais, garde la campagne en face de nous à trois quarts d'heure de chemin. Nous sommes arrivés ici le soir de la Fête-Dieu; nous sommes tous allés au salut. Nous avons admiré dans la chapelle une magnifique sculpture sur bois du P. Fœrer. Ce prêtre a laissé dans l'église de Ton-ka-dou un vrai chef-d'œuvre, aussi sur bois : c'est un Christ au tombeau qui ferait l'admiration de nos connaisseurs.

J'ai profité de quelques moments de loisir pour visiter une partie des alentours de l'établissement de Zi-ka-wee. A quelques pas de là, se trouve le tombeau de Paul Chin. Ce tombeau est presque entièrement ruiné : quelques pierres et deux tertres, voilà tout ce qui reste du monument consacré à ce célèbre Chinois qui, le premier dans l'empire, se convertit au christianisme. C'est le P. Paul Sicci qui opéra la conversion de cet infidèle. Chin vivait au seizième siècle; il fut l'un des plus grands ministres de la Chine. A sa mort seulement, les envahisseurs, repoussés jusqu'alors, s'emparèrent de l'empire.

Comme je vous l'ai écrit dans ma dernière lettre, datée de Zi-ka-wee, nous avons quitté ce cantonnement le 26, y laissant un détachement de vingt-cinq hommes, sous les ordres d'un lieutenant d'infanterie de marine. Notre colonne, était sous les ordres de M. Favre, lieutenant-colonel d'infanterie de marine (30e et 31e compagnies d'infanterie de marine, un détachement du 101e et 2 obusiers de la Forte). Le pluie était tombée toute la nuit et tombait encore d'une manière épouvantable lorsque nous nous sommes mis en marche; aussi

avons-nous fait à peine une demi-lieue pendant la première heure. Cette fois, nous étions à pied (notre flottille de jonques avait été renvoyée à Shanghaï), et tous les chemins que nous avions à parcourir étaient situés dans les champs; notre guide ayant voulu couper au plus court pour arriver Tsem-zu, nous nous sommes bientôt trouvés couverts de boue et trempés jusqu'aux os. Notre petite colonne fut plusieurs fois obligée de s'arrêter; nos deux obusiers de montagne entravaient notre marche, ils étaient portés cependant en partie sur des brouettes du pays et à dos d'hommes, mais ces brouettes éprouvaient les plus grandes difficultés à passer sur les petits ponts placés sur les canaux qui servent à inonder les rizières. Le lieutenant-colonel commandant la colonne donna l'ordre de démonter complétement les obusiers et de les faire porter seulement à bras par des Coolies, seul mode de transport qui existe du reste dans ce pays, où l'on rencontre bien rarement un cheval. Les chevaux que l'on a pu se procurer pour la remonte sont généralement petits, si ce n'est ceux qui viennent du Japon.

Enfin, après bien des haltes, nous sommes arrivés sur les bords du canal de Sou-tse, autrement dit rivière de Woo-Sang, qui va se jeter dans la rivière de Shanghaï en séparant le quartier anglais du quartier américain. Nous avons traversé cette rivière au moyen de deux barques, et quelques heures après, nous entrions dans le village de Tsem-su.

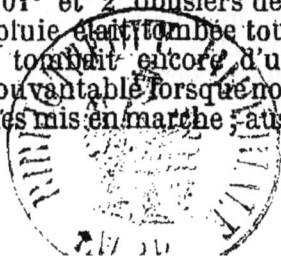

4

M. le baron Gros est arrivé le 28, à trois heures et demie à Shang-haï, par le *Saigon*, qui était allé le chercher à Hong-Kong. Le packet le *Malabar*, à bord duquel il était, a fait naufrage dans le port de Galles (Ceylan). Les passagers et la malle ont été sauvés. M. Gros a presque tout perdu; c'est une perte évaluée pour lui, dit-on, à une quarantaine de mille francs, car il a sauvé très-peu de chose. Lord Elgin aurait été, dit-on, un peu moins malheureux.

C'est le 2 juillet que le général de Montauban a quitté Shang-haï pour aller, dans le golfe de Pé-Tché-Li, s'établir sur la petite presqu'île de Tche-fou, dont l'occupation par les forces françaises avait été décidée de concert avec les généraux et amiraux alliés.

Le camp de Tche-fou a été levé le 21 et le 22; les troupes sont de nouveau embarquées. Leur santé est excellente, la chaleur du reste n'est point forte, elle est supportable dans le Nord; il n'en est pas ainsi à Shanghaï. On n'a donc pas eu besoin d'évacuer sur notre hôpital les malades de Tche-fou; ils sont tous rétablis. On parle aussi de faire passer l'hiver aux troupes à Tien-Tsin, si on obtient un succès, c'est-à-dire si on s'empare des forts du Peï-ho, ce qui est plus que probable avec des soldats comme les nôtres. On les laisserait à Tien-Tsin, tout au moins jusqu'à la ratification du traité.

Le 28 juillet, tous les bâtiments sont arrivés et ont mouillé à dix milles de la rivière. Le 1er août le débarquement a été opéré. Les Anglais et les Français se sont emparés des forts du Pe-tang, sans éprouver aucune résistance et sans perdre de monde. Une fois maîtres des forts, les puissances alliées ont remarqué que les Chinois avaient employé, pour nous faire sauter, un moyen assez ingénieux: des caisses remplies de poudre avaient été enfouies dans la terre et sur les chemins à parcourir; ces caisses devaient faire explosion à l'aide de fils en communication avec elles et venant aboutir à la surface de la terre: en marchant sur l'extrémité supérieure d'un de ces fils munis d'une espèce de capsule, l'explosion devait avoir lieu. Ce désastre a été évité par un hasard providentiel.

Le 1er août, les forces alliées ont occupé sans résistance les forts et la ville de Pétang. Elles se préparent à marcher sur les forts du Peï-ho.

Le *Moniteur* du 14 novembre a fait connaître dans quelles circonstances les ambassadeurs de la France et de la Grande-Bretagne en Chine avaient dû prendre la résolution de faire avancer les forces alliées jusqu'à Tong-Tchou, à quatre lieues de Pékin.

Le baron Gros et lord Elgin s'étaient à peine mis eux-mêmes en marche qu'ils recevraient dépêches sur dépêches de nouveaux commissaires chinois qui les suppliaient de demeurer à Tien-Tsin, où ces commissaires, Tsaï, prince d'Ytsin, et Muh, ministre de la guerre, annonçaient qu'ils allaient se rendre immédiatement, munis cette fois des pleins pouvoirs nécessaires. Après ce qui s'était passé à Tien-Tsin, les ambassadeurs ne pouvaient que réitérer leur déclaration qu'ils se dirigeaient sur Tong-Tchou, prêts à y reprendre les négociations si les commissaires chinois justifiaient de leurs pouvoirs, mais décidés, dans le cas contraire, à marcher immédiatement sur Pékin.

Le prince répliqua par un message plus pressant, dans lequel il annonçait que le gouvernement chinois accédait à tout ce qu'on avait exigé de lui, et demandait que dès-lors les forces alliés s'arrêtassent à six milles en avant de Tong-Tchou, où les commissaires chinois attendaient le baron Gros et lord Elgin pour y signer avec eux la convention préparée à Tien-Tsin; après quoi les deux ambassadeurs iraient à Pékin procéder, avec une escorte de 1,000 hommes, à l'échange des ratifications.

Le comte de Bastard, secrétaire de l'ambassade française, fut envoyé, à la suite de cette communication, à Tong-Tchou, où il trouva en effet, le 18 septembre, les deux plénipotentiaires chinois, qui convinrent avec lui de tout ce qui touchait à la signature de la convention. Mais, au moment où M. de Bastard revenait, en même temps, pour rendre compte de sa mission, et où les troupes arrivaient elles-mêmes à Chang kia-wang, sur la limite indiquée pour leur bivouac, ces dernières se

trouvaient en présence d'une force tartare de 15 à 20.000 hommes, qui, démasquant soudainement 70 pièces de canon, ouvraient aussitôt le feu contre elles.

Malgré la surprise d'une attaque aussi inattendue et aussi odieuse, il ne fallut qu'une heure aux troupes alliées pour enlever, avec des pertes très minimes, tout ce qui était devant elles et mettre dans la plus complète déroute l'ennemi, qui laissa 1 500 des siens sur le champ de bataille.

A la suite de ce beau fait d'armes le général commandant en chef publia l'ordre du jour suivant aux troupes françaises.

ORDRE GÉNÉRAL.

L'armée tartare tout entière, retranchée dans une position défendue par un grand nombre de pièces de canon, a voulu s'opposer au passage d'une colonne franco-anglaise qui se rendait à Pékin.

Ces hordes, amenées au combat par des chefs perfides, ont été dispersées en quelques heures.

L'histoire dira que 2,000 Européens ont triomphé par leur courage d'un ennemi défendant sa capitale avec des forces qui leur étaient dix fois supérieures en nombre.

Le corps expéditionnaire apprendra avec joie cet immense succès.

Au bivouac de Ko-at-sun, le 19 septembre 1860.

Le général commandant en chef,

DE MONTAUBAN.

Enfin le 8 décembre le *Foreign-*

Office publiait la dépêche officielle suivante, sous le titre de *Prise de Pékin*, fuite de l'Empereur.

Le télégramme suivant a été reçu cette après-midi à trois heures de l'agent et consul-général de Sa Majesté à Alexandrie, sous la date du 30 novembre 1860 :

« Deux des portes de Pékin sont entre nos mains.

» Parkes et Loch nous ont été rendus.

» Le capitaine Anderson et M. de Norman sont morts des suites des mauvais traitements. On ignore ce que le capitaine Brabeczen et Brulby (le correspondant du *Times*) sont devenus. Le palais d'été de l'empereur a été pris et pillé. Le butin est immense ; l'empereur s'est enfui en Tartarie. Les forces alliées doivent hiverner à Pékin et à Tien-Tsin.

» Les deux ambassadeurs sont à leur quartier-général respectif. »

Trois jours après cette nouvelle était confirmée par la dépêche suivante de Londres.

Pékin 13 octobre. — Pékin s'est rendu aujourd'hui, cédant sur toutes les demandes. MM. Parkes, Loch et d'Escayrac de Lauture ont été mis en liberté le 8. MM. Norman et Anderson sont morts ; 13 soldats ont été aussi mis en liberté. Il reste peu d'espoir relativement à MM. Brabazon, Browlby et aux officiers français qui manquent. L'empereur et l'armée tartare sont en fuite. Il n'y avait plus d'ennemis à Pekin, dont les portes ont été livrées aux alliés. Les troupes alliées sont campées sous les murs. La santé des soldats est excellente. Lord Elgin et le baron Gros sont à Pékin. Une indemnité est prête quand elle sera demandée.

V

Arrivée des troupes sous les murs de Pékin. — Ultimatum des généraux français et anglais. — Arrivée au palais de l'Empereur de la Chine. — Pillage. — Immenses richesses contenues dans le palais. — Rapport du général de Montauban. — Incendie du palais d'été.

Le 6, une nouvelle marche en avant a eu pour résultat de découvrir un ouvrage près de Pékin où nulle défense n'avait été faite, et qui a été pris par nos troupes. Le Yueng-min-Yuen ou palais de l'empereur a été pris et complétement dévasté et a offert un butin immense. La meilleure part semble être échue aux Français, qui les premiers ont saccagé les riches ornements, les bijoux, les pendules et les montres, les magnifiques robes et les soies brodées du Fils du ciel. Mais une certaine quantité des trésors qui ont été pris seront partagés entre les Français et les Anglais. Quelques soldats ont, dit-on, vendu leur part pour 30,000 fr. environ. La part tout entière qui revient aux Anglais est évaluée à environ 97,000 dolars (450,000 fr.).

Le jour suivant, en réponse à une demande relative au relâchement des prisonniers, MM. Parkes et Loch ont été rendus avec un officier français et sept ou huit prisonniers.

Le 12, tout avait été préparé pour le premier événement important de la guerre : l'attaque ou la prise de Pékin, capitale jusqu'alors inviolable de la Chine ; les canons de siége et autres pièces d'artillerie étaient en position pour bombarder la ville, a moins qu'elle ne se rendît le 13 à midi.

Notre cavalerie et nos artilleurs ne sont arrivés au palais d'été de l'empereur que deux heures après les Français, qui les avaient priés d'aller couper la retraite aux Tartares pendant qu'ils attaqueraient le palais. Ils ont trouvé 300 eunuques chargés de la garde du palais et 40 jardiniers, dont 20 seulement armés de fusils. Ces hommes ont fait peu de résistance ; 2 eunuques ont été tués et 2 officiers français blessés. On s'est emparé du palais. Dans la soirée, l'on a demandé aux autorités de relâcher les prisonniers ; promesse a été faite que ceux qui étaient dans la capitale seraient rendus le surlendemain. En effet, nous avons vu rentrer au milieu de nous MM. Parkes et Loch, un officier français attaché à l'expédition scientifique, et six ou huit Français et soldats de la cavalerie sike.

Pendant qu'ils sont restés au pouvoir de l'armée de Sankolin-sin, ils ont été traités avec cruauté. On les a conduits à cheval à Tang-chow et ensuite à Pékin ; on les a enfermés dans des cachots. M. Parkes était battu toutes les fois qu'il ne répondait pas sur-le-champ à une question. Dans la dernière semaine, ils ont été traités avec un peu moins de dureté. Sankolin-sin se conduisait à leur égard avec une rudesse farouche, et il les a insultés de la manière la plus grossière, lorsqu'à Chang-Kiawon ils avaient demandé un sauf-conduit.

Le palais d'été de l'empereur a été décrit par Staunton, qui faisait partie de l'ambassade de lord Macartney ; mais il n'est pas de plume qui puisse retracer les scènes qui viennent de s'y passer. Le pillage a été autorisé : la salle de réception, les chambres à coucher, les boudoirs, tous les appartements ont été mis à sac. Des objets de luxe de toute espèce, des articles nationaux ou étrangers ont été enlevés ou brisés sur place quand ils ne pouvaient pas être emportés. Pendules, montres, porcelaines, tables, tout y a passé. Il y avait des garde-robes amplement pourvues d'habillements richement brodés en, soie et en or; il devait y avoir là au moins 70 à 80,000 pièces; des centaines ont été déchirées et foulées aux pieds; le sol en était jonché, les soldats se les jetaient les uns aux autres; chacun emportait ce qu'il pouvait.

On se servait de draperies, de rideaux, etc., comme de cordes pour lier les paquets énormes dont on chargeait des voitures. Dans le camp français, on s'en est servi pour faire des tentes, des literies, etc.

Dans l'après-midi, hier, un certain nombre de Français ont pénétré dans les appartements, armés de bâtons, brisant toutes les glaces. On dit qu'ils ont accompli ces scènes de destruction pour venger leurs compatriotes maltraités par les Chinois.

Un trésor composé d'une grande quantité de lingots d'or et d'argent, a été confié à la garde de soldats; il doit être partagé entre les Anglais et les Français. La valeur intégrale des objets détruits équivaudrait à un large versement de l'indemnité réclamée.

On dit que l'Empereur s'est rendu à son palais de Zcnol, en Tartarie, où a été reçu, dans le temps, lord Macartney; il a treize femmes avec lui.

Les canons de siége sont arrivés.

La porte sera sommée, demain, de se rendre.

Le bruit court qu'une partie du palais d'été est incendiée; il est probable que les bâtiments seront détruits. On est furieux contre les Chinois à cause des mauvais traitements infligés aux prisonniers.

La garnison de Pékin est, dit-on, de 60 à 70,000 hommes. Il est probable que les trois quarts de ce nombre n'existent pas. Il y avait quelques canons sur la muraille vis-à-vis de notre batterie. Nos ouvrages pour les tirailleurs vont à 190 yards de la muraille.

On dit que Sankolin-sin était à Pékin ce matin même.

Les Français voudraient prendre la porte occidentale de la ville, mais on s'y oppose attendu que c'est la seule porte par laquelle pourrait rentrer le prince Hung, frère de l'empereur, qui s'est sauvé et que l'on voudrait décider à rentrer.

Nulle description ne peut donner une idée de la splendeur de cette résidence. La salle de réception est pavée de marbre et peinte en or, en azur et en écarlate, dans le style le plus riche. Le trône de l'empereur est en beau bois noir sculpté et les coussins, sur lesquels sont brodés des dragons d'or, ont excité l'admiration générale.

Toutes les chambres et tous les salons intérieurs sont admirablement ornés; la soie, le satin, le crêpe font la joie des soldats français.

La pierre de Jade et la porcelaine sont magnifiques et de grande valeur. Quelques porcelaines de Sèvres eussent bien réjoui les yeux de quelques amateurs de vieille porcelaine. Une épée d'honneur, une cote d'armes anglaise, ornée de pierres fines et évidemment anciennes, ont donné lieu à la spéculation.

Le dernier traité de Tien-tsin a été retrouvé. Il y avait tant de choses à prendre qu'on ne savait pour lesquelles se décider. On aura quelque idée de l'immense quantité des étoffes de soie quand on saura que les pots, etc., étaient enveloppés dans les étoffes les plus riches. Toutes les dames avaient disparu ; mais leurs petits chiens japonais, assez semblables à des king-charles, couraient de çà, de là, tout effarés. M. Wade a mis en sûreté plusieurs livres et des papiers pour le *British Museum*, pensons-nous. On ne sait point où l'empereur est allé.

L'empereur accède, dit-on, à toutes nos demandes. Harry Parkes et le colonel Stephenson, sous-adjudant-général, ont eu une conférence avec Shung-Key (ancien hoppo de Canton); ils lui ont déclaré que la ville de Pékin serait bombardée si l'on ne capitulait pas pour midi. Un quart d'heure avant midi, Shung-Key est arrivé et il a déclaré que toutes nos demandes étaient agréées, et que la porte serait ouverte. Les généraux et l'état-major, les Punjaubees et le 67ᵉ régiment ont alors fait leur entrée; ils ont pris possession de la porte et de 30 canons d'airain qu'ils ont remplacés par des canons des alliés.

Les drapeaux d'Angleterre et de France ont été arborés pour prouver que Pékin est occupé par les alliés.

La muraille à 60 pieds de largeur et elle est pavée. La seule chose que les Chinois aient de- mandée, c'est que les Coolies chinois n'entrassent pas dans la place, ce qui leur a été accordé.

Il paraît que la population de Pékin, que l'on dit être de deux millions d'âmes, a exigé que les autorités traitassent.

Le général commandant en chef le corps français d'opérations en Chine à S. Exc. le maréchal ministre de la guerre.

Quartier-général devant Pékin, le 12 octobre 1860.

Monsieur le maréchal,

J'ai l'honneur de vous adresser aujourd'hui, à tête reposée, et d'une manière plus complète, le récit des derniers événements que je vous ai fait connaître très-succinctement par ma lettre du 8 octobre.

Ainsi que je l'annonçais à Votre Excellence, par ma lettre (cabinet nº 119) datée du 3, de Paly-kya-ho, l'armée à quitté cette position le 5 pour se porter sur Pékin. J'avais laissé à Paly-kya-ho, pour assurer mes communications avec le Peï-ho, trois compagnies dans une bonne position de défense, avec l'ambulance et une partie de l'administration, et je m'étais mis en route avec le surplus de l'expédition et une ambulance légère, et cinq jours de vivres.

Je suis allé asseoir mon camp le même jour dans un grand village, à trois lieues en avant de Paly-kya-ho, direction de Pékin, dont je n'étais plus qu'à 6,000 mètres environ; de mon camp on découvrait parfaitement la ville, ainsi que je l'avais déjà su par une grande reconnaissance que j'avais fait faire la veille. Quelques cavaliers tartares étaient en vue de mes avant-postes, mais ils n'approchèrent pas.

Le 6 au matin, nous reprîmes, le général anglais et moi, notre marche sur Pékin, après nous être formés sur deux colonnes chacun, car le pays est très-couvert et traversé dans tous les sens par des routes dont quelques-unes sont carrossables et d'autres aboutissent à des impasses; je n'ai jamais vu de pays plus difficile pour des colonnes marchant avec de grosse artillerie.

Après deux heures d'une marche assez pénible, nous arrivâmes à 2,000 mètres de l'angle nord-est de Pékin; nous fîmes la grande halte et nous lançâmes des reconnaissances dans plusieurs directions autour de la ville.

Des Chinois interrogés nous dirent qu'il existait, vers la direction ouest de la ville, qui a un mur de 7,000 mètres de ce côté, un grand camp tartare de 10,000 hommes.

Nous nous mîmes en marche immédiatement sur ce camp dont nous apercevions le parapet en terre; nous marchions à la même hauteur avec le général anglais; il devait attaquer la droite et moi la gauche. La colonne Collineau devait tourner la gauche du camp, les Anglais tourner la droite, et le général Jamin attaquer le front; le camp a été évacué dans la nuit.

Le général Grant me fit alors prévenir que ses espions l'informaient que l'armée tartare s'était retirée à Yuen-Ming-Yuen, magnifique résidence impériale, à 1 mille et demi du point où nous étions, et il me proposait de marcher contre elle; l'heure était peu avancée, les troupes n'étaient pas fatiguées, elles étaient pleines d'ardeur, un mille et demi dans ces conditions devait être promptement franchi.

Après une marche assez longue et difficile, nous arrivâmes, à sept heures, au village de Yuen-Ming-Yuen; nous suivions une route en dalles de granit et nous traversâmes un pont magnifique qui conduit au château impérial, situé à 200 mètres du pont et dont l'entrée est en face; la route entre le pont et le palais est bordée à gauche d'arbres épais et d'une belle venue; à droite, une grande place à laquelle s'appuie une rangée de belles maisons, habitations des principaux mandarins.

Avant de m'établir au bivouac, je voulus faire fouiller l'entrée du palais, qui était fermée par une porte très-solide et par des barrières à droite et à gauche; on prétendait que les Tartares étaient dans les cours et dans les jardins derrière ces portes.

J'envoyai de suite deux compagnies d'infanterie de marine pour fouiller l'entrée du palais et le bois en arrière, ainsi que mon officier d'ordonnance le lieutenant de vaisseau de Pina.

Cet officier, entendant du bruit dans l'intérieur, fit sommer d'ouvrir les portes, et voyant que personne ne répondait, il fit apporter une échelle et escalada le mur, suivi par M. Vivenon, enseigne de vaisseau. A peine étaient-ils sur la crête qu'ils reconnurent les Tartares armés de piques, de flèches, de fusils, qui paraissaient vouloir défendre la porte.

A l'aspect des officiers, ces hommes se retirèrent, et M. de Pina franchit le mur afin d'ouvrir la porte à la troupe.

En ce moment, les Tartares revinrent sur M. de Pina, et une lutte s'engagea entre lui et les hommes qui accouraient. Il soutint bravement cette attaque, tira quelques coups de revolver, et fut blessé à la main gauche et au poignet droit. Les soldats d'infanterie de marine vinrent à son secours et à celui de leur officier, M. Vivenon, qui avait reçu une balle dans le côté, et les Tartares, après une résistance inutile, prirent la fuite en désordre, laissant derrière eux trois des leurs tués, et emmenant plusieurs blessés.

Le bruit de la fusillade m'ayant attiré, je fis venir le général Collineau avec la brigade et je fis occuper fortement la première cour du palais, ne voulant pas pénétrer plus avant pendant la nuit dans un lieu inconnu. 7 ou 800 Tartares qui se trouvaient derrière les palais successifs aboutissant aux bois auraient pu tenter d'inquiéter nos hommes. La nuit se passa sans événements, et le lendemain, de grand matin, je me rendis au palais accompagné des généraux Jamin et Collineau, de mon chef d'état-major et du brigadier anglais Fattle, avec lequel étaient le major Sley des dragons de la reine, et le colonel Fowley; une compagnie d'infanterie nous précédait pour assurer notre marche, mais les palais étaient complétement évacués par les Tartares.

Je tenais à ce que nos alliés fussent représentés dans cette première visite au palais, que je soupçonnais devoir renfermer de grandes richesses. Après avoir visité des appartements dont la splendeur est indescriptible, je fis placer partout des sentinelles, et je désignai deux officiers d'artillerie pour veiller à ce que personne ne pût pénétrer dans le palais et pour que tout fût conservé intact jusqu'à l'arrivée du général Grant, que le brigadier Fattle fit prévenir de suite.

Les chefs anglais arrivés, nous nous concertâmes sur ce qu'il convenait de faire de tant de richesses, et nous désignâmes pour chaque nation trois commissaires chargés de faire mettre à part les objets les plus précieux comme curiosités, afin qu'un partage égal en fût fait; il eût été impossible de songer à emporter la totalité de ce qui existait, nos moyens de transport étant très-bornés.

Un peu plus tard, de nouvelles fouilles amenèrent la découverte d'une somme d'environ 800,000 fr. en petits lingots d'or et d'argent; la même commission procéda également au partage égal entre les deux armées, ce qui constitua une part de prise d'environ 80 fr. pour chacun de nos soldats; la répartition en a été faite par une commission composée de tous les chefs de corps et de service, présidée par M. le général Jamin ; la même commission, réunie et consultée au nom de l'armée, déclara que celle-ci désirait faire un cadeau à titre de souvenir à S. M. l'Empereur, de la totalité des objets curieux enlevés dans le palais, ainsi qu'à Sa Majesté l'impératrice et au prince impérial.

L'armée a été unanime pour cette offrande au chef de l'Etat, qui la considérera comme un souvenir de reconnaissance de ses soldats pour l'expédition la plus lointaine qui ait jamais été entreprise.

Au moment du partage entre les deux armées, j'ai tenu, au nom de l'Empereur, à ce que lord Elgin fît le premier choix pour S. M. la reine d'Angleterre.

Lord Elgin a choisi un bâton de commandement de l'empereur de Chine, en jade vert du plus grand prix et monté en or. Un second bâton, semblable en tout à celui-ci, ayant été trouvé, lord Elgin à son tour a voulu qu'il fût pour S. M. l'Empereur ; il y a donc eu parité parfaite dans ce premier choix.

Il me serait impossible, monsieur le maréchal, de vous dire la magnificence des constructions nombreuses qui se succèdent sur une étendue de quatre lieues, et que l'on appelle le Palais d'été de l'empereur : succession de pagodes renfermant tous les dieux d'or et d'argent ou de bronze d'une dimension gigantesque. Ainsi un seul dieu en bronze, un Bouddha, a une hauteur de 70 pieds, et tout le reste est à l'avenant ; jardins, lacs et objets curieux entassés depuis des siècles dans des bâtiments en marbre blanc, couverts de tuiles éblouissantes, vernies et de toutes couleurs : ajoutez à cela des points de vue d'une compagne admirable, et Votre Excellence n'aura qu'une faible idée de ce que nous avons vu.

Dans chacune des pagodes il existe, non pas des objets, mais des magasins d'objets de toute espèce. Pour ne vous parler que d'un seul fait, il existe tant de soieries du tissu le plus fin, que nous avons fait emballer avec des pièces de soie tous les objets que je fais expédier à S. M.

Ce qui attriste au milieu de toutes ces splendeurs du passé, c'est l'incurie et l'abandon du gouvernement actuel et des deux ou trois gouvernements qui l'ont précédé ; rien n'est entretenu, et les plus belles choses, à l'exception de celles qui garnissent le palais que l'empereur habite, sont dans un état déplorable de dégradation.

Dans l'une des pagodes, celle des voitures, à une demi-lieue du palais habité, nous avons trouvé deux voitures magnifiques anglaises, présent de l'ambassade de lord Macartney ; elles étaient, ainsi que leurs harnais dorés, dans la même place où elles avaient dû être mises il y a quarante-quatre ans, sans qu'un grain de la poussière qui les couvre ait été jamais enlevé.

Il faudrait un volume pour dépeindre tout ce que j'ai vu ; mon plus grand regret, c'est de n'avoir pas dans l'expédition un photographe pour reproduire aux yeux de l'Empereur ce que la parole est impuissante à exprimer.

Après quarante-huit heures de séjour à Yuen-Ming-Yuen, je songeai à rejoindre l'armée anglaise devant Pékin ; mais avant de quitter le palais impérial, je constatai que les effets de plusieurs de nos malheureux prisonniers, par suite de la trahison du 18 septembre, étaient placés dans une chambre de l'une des maisons qui avoisinent l'habitation de l'empereur.

Parmi ces effets figuraient ceux de M. le colonel Foullon Grandchamps, de l'artillerie, un carnet et des effets de sellerie à M. Ader, comptable des hôpitaux, et enfin quinze selles complètes de Sikhs et diverses autres choses ayant été reconnues par des officiers anglais comme appartenant à ceux des leurs pris le même jour 18 septembre.

Je suis donc revenu le 9 devant Pékin, espérant recevoir des nouvelles de nos malheureux nationaux, car j'avais appris que déjà M. d'Escayrac de Lauture et quatre soldats avaient été renvoyés pendant ma séparation du camp anglais au général en chef.

Mais les prisonniers ayant été séparés les uns des autres, ceux-ci ne purent nous donner aucun renseignement ; seulement je pus préjuger par les traitements horribles infligés par un ennemi barbare quel devait être le sort de ceux restés entre les mains du gouvernement tartare.

Aujourd'hui 15 octobre, que je continue cette lettre commencée le 12, il ne m'est plus permis d'avoir de doutes : MM. le colonel Foullon-Grandchamps, Dubut, sous intendant militaire, Ader, comptable, ainsi que quatre de nos soldats, sont morts, trop heureux s'ils ont été tués de suite, car il est impossible de se faire une idée des tortures barbares que quelques prisonniers ont subies avant de mourir.

Tout cela se passait pendant que je faisais recueillir et soigner dans nos ambulances les prisonniers tartares aussi bien que nos blessés.

Devant Pékin, le 17 octobre 1860.

Après avoir campé à 4 kilomètres environ de Pékin, j'ai adressé, de concert avec le général anglais, au prince Kong, une note concluant à l'occupation d'une des portes de la ville par nos troupes. Nous avions fait établir des batteries de siége à 60 mètres des murailles ; le prince a immédiatement donné l'ordre d'ouvrir la porte vis-à-vis le camp français. Cette porte a été occupée par un bataillon de chacune des deux armées.

Je me suis rendu sur le rempart, qui a une largeur de 17 mètres ; il était armé de pièces d'un fort calibre et d'un très-beau bronze ; toutes les mesures de précaution ont été prises pour assurer notre position, mais la population paraît beaucoup plus curieuse qu'hostile.

J'ai fait rapprocher mon camp et placé des hommes dans les casernes abandonnées par les Tartares. Les montagnes qui nous avoisinent sont couvertes de neige et le vent du nord souffle avec une grande violence ; ces signes précurseurs de plus mauvais temps m'ont fait prendre la ferme résolution de ne pas prolonger mon séjour ici au-delà des premiers jours de novembre.

18 octobre.

Au moment où j'allais reprendre ce rapide récit, bien souvent interrompu, j'ai reçu trois nouveaux cercueils contenant les corps de M. l'intendant Dubut et de deux de nos soldats ; il ne reste plus que l'abbé Duluc, mais il ne m'est plus possible de douter de sa mort.

En résumé, sur 26 prisonniers anglais, 13 sont morts et 13 sont rentrés ; sur 13 prisonniers français, 7 sont morts et 6 nous sont rendus.

Hier, 17 octobre, a eu lieu dans le cimetière russe l'inhumation des Anglais victimes du guet-apens du 18 septembre ; nous avons assisté à cette triste cérémonie. Aujourd'hui j'ai profité de l'occasion de l'enterrement de nos compatriotes pour faire venir de Pékin chez moi deux mandarins d'un grade élevé, pour leur dire que je savais leur respect pour les morts et que je désirais faire enterrer les restes de nos prisonniers dans l'ancien cimetière français que l'empereur Kang-Hi avait autrefois accordé aux missionnaires catholiques ; ils m'ont affirmé que rien n'était plus convenable et qu'ils allaient immédiatement prendre des dispositions en conséquence.

Recevez, etc.

Le général de division commandant en chef,

De Montauban.

Une correspondance adressée au *Times*, en date de Pékin, le 26 octobre, nous fournit les explications suivantes sur l'incendie du palais de l'empereur de Chine :

« Lorsque la porte d'Anting fut livrée aux commandants en chef, on ignorait encore les horribles détails de la mort de nos compatriotes. On apprit ces détails par les prisonniers remis en liberté ; et lorsque les cadavres nous furent rendus, nul ne put douter des traitements barbares qu'ils avaient subis. Un sentiment d'horreur s'empara de l'armée, et lord Elgin et sir Hope Grant ne purent s'empêcher de le partager.

« Le prince Kong écrivait presque tous les jours pour presser l'ambassadeur de conclure ; on résolut d'infliger à l'empereur et au gouvernement chinois une punition éclatante avant d'accéder à cette demande.

« Cette punition ne saurait être appréciée d'après nos idées ; elle est très-sensible pour les Chinois qui attachent une grande importance aux coutumes établies et qui ont une grande vénération pour tout ce qui touche à l'empereur.

« Exiger une indemnité pécuniaire, c'eût été, alors même qu'elle eût été payée, marquer trop faiblement l'indignation qu'inspiraient à une grande nation civilisée des actes dont rougiraient des barbares. En outre, de pareilles exactions seraient retombées sur le peuple qui était innocent.

« Il fallait atteindre l'empereur et les mandarins, ce qui était plus difficile. Il fallait prendre une mesure qui établît clairement aux yeux des classes dominantes de la Chine que nous étions les maîtres de Pékin, que l'arrogance du gouvernement chinois pouvait être humiliée, et que sa duplicité et sa cruauté pouvaient être punies.

« Il y avait deux moyens d'arriver à ce résultat : le premier était de prendre et d'occuper la ville de Pékin ; le second de détruire le Yuen-Ming-Yuen, le palais favori de l'empereur, le théâtre des cruautés infligées aux prisonniers.

« C'est dans le Yuen-Ming-Yuen que l'on conservait les tablettes de la dynastie, auxquelles sont attachées, dans la croyance des Chinois, les destinées et la sécurité de la famille régnante. Le palais était vénéré par le peuple comme la résidence de l'empereur, comme le lieu où s'assemblaient les princes et les nobles de l'empire. Ses jardins et ses bâtiments étaient renommés dans toute la Chine, et d'immenses sommes étaient chaque année consacrées à leur entretien. C'est là que se nouaient les intrigues de la cour, que se donnaient les fêtes ; c'est là que se tenaient les grandes réceptions, qu'avaient lieu les concerts, les spectacles de l'empereur, qui dans ce palais renonçait à l'é-

tiquette et se mêlait aux invités plus familièrement que cela ne pouvait avoir lieu d'ordinaire dans une cour aussi cérémonieuse ; un salut adressé à l'empereur était la seule formalité exigée.

« Les hautes murailles et les espaces découverts qui entourent la cité impériale à l'intérieur de Pékin et qui la séparent de la ville proprement dite auraient sans doute suffi à la sécurité du peuple, dans le cas où on aurait détruit le palais intérieur ; mais les alliés ne voulurent pas avoir recours à ce moyen qui était contraire aux conditions accordées aux Chinois lors de la prise de possession de la porte d'Anting. On résolut donc de détruire le Yuen-Ming-Yuen.

« Lord Elgin et le commandant en chef adressèrent au prince Kong une lettre pour l'informer de leur décision et des motifs qui les avaient amenés à la prendre. Lord Elgin, en termes sévères, signala la perfidie qui avait caractérisé la conduite du gouvernement chinois depuis les négociations de Tien-tsin jusqu'au meurtre d'hommes protégés par le drapeau parlementaire ; il ajouta qu'il avait invité le commandant en chef à détruire de fond en comble le Yuen-Ming-Yuen comme étant l'emplacement où l'on avait commencé à torturer les prisonniers ; que 300,000 taëls devraient être, dans les quarante-huit heures, payés à titre d'indemnités aux familles des prisonniers assassinés, et que dans le cas d'un refus le palais à l'intérieur de la ville serait également brûlé. Cette lettre était accompagnée de proclamations qui furent affichées sur les murs de Pékin pour informer le peuple des mesures qui allaient être prises.

« Les Anglais, à partir de ce moment, ont agi tout seuls, les commandants en chef français craignant que la destruction du Yuen-Ming-Yuen ne pût éloigner toute chance d'arrangement avec le gouvernement chinois.

« Le 18 octobre, la division de sir J. Mitchell marcha au Yuen-Ming-Yuen ; elle l'occupa sans résistance, il ne s'y trouvait pas un seul soldat tartare.

« Depuis le point occupé par les Français le 6 octobre jusqu'au dernier bâtiment du Yuen-Ming-Yuen il y a une distance de 6 à 7 milles. Le palais s'arrête au pied des montagnes qui ferment la plaine au nord de Pékin. Sur cette vaste superficie s'étendent des jardins, des palais, des temples, des pagodes ; il y a des montagnes artificielles de 3 à 400 pieds de haut, des arbres de toutes sortes à travers le feuillage desquels on aperçoit les toits jaunes des diverses résidences impériales. Un grand lac est encaissé dans des hauteurs boisées, et renferme deux ou trois îles sur lesquelles s'élèvent des bâtiments pittoresques et qui sont reliées à la terre ferme par de magnifiques et grotesques ponts de pierre. D'un côté de ce lac se déroule, sur une longueur de deux milles, la promenade favorite de l'empereur et de sa cour. Cette allée serpente à travers des grottes, des parterres de fleurs ; dans certains endroits où les palais s'avancent jusqu'au bord de l'eau le chemin passe sur de belles terrasses qui surplombent le lac avec légèreté. Les hautes montagnes de la Tartarie forment l'arrière-plan de ce tableau, qui est certainement l'un des plus curieux et des plus beaux qu'on puisse voir.

« On a mis deux jours à détruire par le feu les bâtiments et les jardins du Yuen-Ming-Yuen. Beaucoup d'objets précieux que l'on n'a pu emporter à temps ont été détruits par l'incendie. On les estime à deux millions de livres sterling (50 millions de francs), sans compter les bâtiments. »

VI

Barbare traitement subi par les prisonniers européens. — Mœurs et usages des Chinois. — Un repas chinois. — Le thé et ses dégustateurs. — Monts de piété. — Funérailles. — affiches monstres. — Origine de la queue chez les chinois.

Nous empruntons à ce rapport, daté du 9 octobre, les passages suivants, qui font connaître l'arrivée des prisonniers à Pékin, les barbares traitements qu'ils eurent à subir, et enfin leur mise en liberté. — *G. Lefèvre.*

Il commençait à faire sombre quand nous atteignîmes les faubourgs de Pékin. Ils n'étaient pas aussi longs que nous le pensions, car, après un demi-mille environ, nous arrivâmes à la porte, qui, par sa grande élévation, a une apparence imposante.

C'est à peine si la foule du peuple qui se pressait pour nous voir pouvait être maintenue à l'écart.

La rue dans laquelle nous entrâmes après avoir passé la porte avait une cinquantaine de pieds de large, mais les maisons de chaque côté étaient petites et n'avaient qu'un étage. L'obscurité venant, nous n'aurions pu rien voir, eussions-nous eu même la force de regarder autour de nous. Nous fûmes entraînés de rue en rue, et le chemin nous parut interminable; nous traversâmes une autre porte, et presque aussitôt après nous entrâmes dans une grande cour. M. Parkes lut sur les lanternes le mot : *Hisinpoo*, ou Conseil des châtiments. On nous garda environ un quart d'heure dans cette cour, et M. Parkes fut alors entraîné devant des interrogateurs. Après une attente de dix minutes, je le vis passer chargé de chaînes.

On me conduisit alors dans une petite salle mal éclairée, où des chaînes et d'autres instruments de torture pendaient le long des murs. Les interrogateurs étaient assis derrière une table, devant laquelle on me força de me mettre à genoux. Un certain nombre de questions me furent adressées, auxquelles naturellement je ne pouvais rien comprendre, mais un individu me tirait par les cheveux et un autre par la barbe et par les oreilles, me secouant et me frappant chaque fois que je ne répondais pas.

Après cinq minutes de ce traitement, je fis signe que je réclamais mon chapeau, qui avait été jeté à terre en face de moi; mais les interrogateurs me maltraitèrent; je fus jeté en avant sur la figure; un gros collier de fer, auquel était rivée une longue et lourde chaîne, me fut passé autour du cou, et je fus ramené dans une cour intérieure où, à la lueur sombre d'une lanterne, je vis M. Parkes assis sur un banc. Nous n'échangeâmes que quelques mots ; deux chaînes furent alors fixées à mes jambes et rattachées à la chaîne qui pendait de mon collier de fer. On nous fit lever, et alors vint le moment le plus triste de la journée, car je vis emmener M. Parkes dans une direction pendant qu'on m'entraînait dans une autre. Je ne pus que dire : «Dieu vous bénisse, Parkes,» et nous fûmes séparés.

On me conduisit à travers de longs couloirs à jour dans une cour qui était fermée à l'extrémité par un long bâtiment de la forme d'une grange, avec des fenêtres grillées, à travers lesquelles brillait une lumière assez vive. Les gardiens frappèrent à la porte et le cri le plus surhumain que j'aie jamais entendu leur répondit; la porte fut ouverte au premier coup, et je me trouvai entouré d'une quarantaine d'individus à demi-nus, les plus sauvages et les plus repoussants que j'aie jamais vus. C'étaient des criminels de toutes sortes : assassins, voleurs, etc. Une vingtaine parmi eux étaient enchaînés comme moi. Une partie de la salle semblait réservée à leur usage ; dans une autre partie se trouvaient d'autres prisonniers qui n'avaient plus de chaînes, et qui paraissaient d'un ordre plus élevé.

Aussitôt que je fus entré, la porte fut fermée derrière moi, et les geôliers m'attachèrent les coudes, quoique j'eusse toujours les mains liées. A ce moment, j'avais complétement perdu l'usage de mes doigts, j'y ressentais des élans, et j'avais les mains très-enflées. Peu de temps après, on desserra la corde de mon poignet, mais seulement pour la remplacer par une chaîne. On me donna une tasse de thé qui me fit grand bien, car j'étais très-épuisé. Je fus satisfait de voir que l'on allait me placer parmi les prisonniers de la classe plus élevée, car les autres étaient couverts de vermine. On m'étendit sur une planche en forme de garde-lit, et ils attachèrent la chaîne qui me pendait au cou à une poutre au-dessus de ma tête. Je pouvais m'étendre de tout mon long, et, complétement épuisé de fatigue, je tombai dans un profond sommeil.

Le lendemain matin, mon réveil fut bien triste; un peu après la pointe du jour, les portes furent ouvertes, les chaînes furent détachées des poutres, et chacun entra dans la cour. Cette cour avait environ seize yards carrés, et une large véranda s'étendait sur le devant de la prison. D'un côté de la cour se trouvait la cuisine; de trois côtés, il y avait de petites cours ou prisons pour un ou deux prisonniers favorisés.

Vers neuf heures, deux mandarins entrèrent pour surveiller la distribution de la nourriture des prisonniers; la nourriture que fournit le gouvernement n'est que du millet bouilli, avec des légumes salés de temps à autre ; on en donne un grand bol deux fois par jour à chaque prisonnier.

Deux hommes apportent un grand baquet de millet et le servent chaud. Cette nourriture n'est que pour les prisonniers enchaînés; les autres prisonniers parmi lesquels je fus compris toutefois, avaient un peu de riz, des légumes verts, un peu de viande hachée, des haricots avec du pain ou du biscuit ; on nous donnait cela deux fois par jour.

Cette nourriture est distribuée et payée aux frais de l'un des prisonniers qui peut, par ce moyen, réduire une partie du temps de son emprisonnement.

L'individu qui nous nourrissait ainsi était un condamné pour vol, et le prix de la nourriture des prisonniers ne pouvait pas être au-dessous de deux taels par jour.

Les prisonniers étaient très-calmes et très-polis; trois étaient chargés de me surveiller, et pendant la nuit il y en avait toujours un chargé d'être à la tête de mon lit. Ils m'aidaient à porter mes chaînes, à me chercher de l'eau pour me laver la figure et les mains ou pour me trouver un siége lorsque j'avais besoin de m'asseoir. J'appris que de mes trois gardiens deux étaient des assassins, et le troisième était en prison pour avoir mordu et arraché le doigt de son père. Je fus surpris de voir les bons sentiments de cordialité qui régnaient entre tous les prisonniers; ils semblaient s'assister les uns les autres, et j'ai souvent vu l'un de ceux qui avaient une nourriture un peu meilleure la partager avec ses voisins. Pendant les douze jours où je suis resté en prison parmi eux, je n'ai assisté qu'à une seule querelle.

Le premier jour de mon emprisonnement, dans la matinée, les fonctionnaires de la prison, deux mandarins à boutons blancs, me firent mettre à genoux et m'adressèrent une foule de questions auxquelles je ne compris rien. Dans l'après-midi, je fus ramené dans la cour, et on me fit agenouiller pendant longtemps devant plusieurs mandarins à boutons rouges, qui m'injurièrent évidemment, à en juger d'après leurs manières. Je fus ensuite remis aux chaînes.

J'avais réussi à sauver mon livre prières jusqu'au moment où j'avais été amené en prison, mais alors on me le prit; par signes, toutefois, je pus me le faire rendre le second jour. Ce qui m'attira le plus la curiosité des prisonniers et des mandarins qui vinrent me voir, ce fut ce livre et mes bottes. Le second et le troisième jour, je reçus de nombreuses visites, tantôt pour recevoir à genoux des injures, tantôt de la part d'individus particuliers; ensuite les visites furent très-rares.

Je fis de nombreux efforts auprès des mandarins officiels qui venaient dans la prison pour obtenir une entrevue avec M. Parkes; mais quoique leurs signes me fissent parfois espérer que cela pouvait m'être accordé, je ne l'obtins jamais. J'appris que Hang-ta-jin était souvent allé voir M. Parkes.

Les jours s'écoulèrent ainsi jusqu'au 29 septembre au matin.

Il y avait eu, depuis le premier jour de mon emprisonnement, deux mises en liberté générales, et, le 29 septembre, tous les prisonniers, excepté ceux aux chaînes furent mis en liberté.

Vers le milieu du jour, pendant que j'étais couché, l'un des hommes qui me gardaient, approchant sa bouche de mon oreille, me glissa tous bas les noms de Pa-ta-jin et Hang-ta-jin, et me fit signe qu'on allait m'enlever mon collier de fer. Deux heures après, je fus emmené dans l'une des chambres de côté, et on vint donner l'ordre de m'ôter mes chaînes. Je fut conduit alors dans une autre cour, et bientôt après rejoint par Parkes.

Ce moment me paya de bien des souffrances.

J'ignorais si c'était notre mise en liberté définitive ou non, et ce ne fut que le soir que j'appris de Parkes tout ce qui s'était passé. On nous plaça dans des voitures séparées, mais cette fois dans de véritables voitures convenables, à siéges rembourrés. On nous conduisit au temple Rao-Miao, qui est près de la porte du Nord. Nous trouvâmes une bonne chambre préparée pour nous, avec une autre pour les personnes à notre service, dont quelques-unes se trouvaient être nos anciens geôliers. Une garde très-brillante de cavalerie mantchoue, de vingt hommes, était spécialement chargée de nous surveiller.

Du 29 septembre au 3 octobre, nous restâmes enfermés dans le temple Rao-Miao; presque chaque jour Hang venait et avait de longues conversations avec M. Parkes. Ce fut une période d'inquiétudes et d'épreuves sérieuses, car, quoique nous fussions bien traités, nous savions que notre mise en liberté, notre vie même, dépendaient beaucoup de la manière dont les mouvements de nos troupes en dehors de la ville pourraient affecter les Chinois et les mandarins à l'intérieur.

Jusque dans les derniers jours, nous fûmes tenus dans une ignorance complète sur tout ce qui s'était passé; mais une lettre de M. Wade nous mit parfaitement au courant des évènements.

Hang est venu hier matin avec la lettre de M. Wade, réclamant au gouvernement chinois de remettre une des portes de la ville pour qu'elle fût occupée par nos troupes.

Il nous dit que c'était impossible, et qu'il serait longtemps avant qu'il pût dire si nous pourrions être relâchés; toutefois il céda à la fin, et, à deux heures, on nous plaça dans une voiture, et on nous conduisit avec une forte escorte à la porte de l'Ouest. Les rues étaient désertes et les boutiques étaient fermées.

En arrivant à la porte, notre escorte nous laissa, et nous fûmes abandonnés à nous-mêmes pour atteindre le camp, où, grâce à Dieu, nous arrivâmes en sûreté à trois heures et demie de l'après-midi.

Signé : HENRY D. LOCH.

Vous avez sans doute entendu parler souvent de la façon dont vivent les Chinois. Depuis mon arrivée, j'ai assisté à plusieurs repas chinois, et jamais je n'ai vu figurer les plats extraordinaires dont parlent plusieurs voyageurs, tels que nids d'hirondelles, soupe de vers de terre, vers à soie et chenilles, ragoûts de chien, de souris et de rats. Je ne comprends pas qu'on n'en mange pas, mais je n'en ai jamais vu servir. Les Kabyles et les Arabes de nos possessions d'Algérie ne mangent-ils pas un pain de sauterelles.

L'habitude et l'imagination, il faut le reconnaître, jouent un grand rôle dans nos goûts et nos répulsions. Je reviens à notre dîner chinois.

Notre hôte avait tenu à nous recevoir dignement, et son dîner était somptueux ; jugez-en par ce rapide aperçu :

Le premier service était composé de pains chauds et de pâtisseries de toute espèce, de fruits frais et confits, de confitures et de sucreries montées en pagode d'une façon artistique. On nous servit ensuite des os à la moelle et des œufs de poule, de canard, de faisan, de pigeon, arrangés de diverses manières, mais presque tous pochés dans du bouillon ou de la graisse. Comme troisième service, vinrent ensuite les morceaux plus substantiels, tels que tranches de bœuf fumé, pièces de porc, de mouton et de chevreuil, faisans, poulets et canards rôtis, le tout servi dans des plats énormes de métal ou de porcelaine à ramages. Le dîner se termina par divers poissons, dont un esturgeon nageant dans une bouillie de riz, et une soupe aux légumes.

Le dîner était somptueux comme je vous l'ai dit, mais détestable comme goût ; le souvenir m'en poursuit encore. Les viandes très-bien rôties, avaient une apparence très-appétissante, mais l'odeur d'huile de ricin ou de graisse fondue qu'elles exhalaient les rendaient impossibles pour des estomacs comme les nôtres. J'eus beau faire, mais jamais je ne pus avaler ces œufs de faisan ou de poule surnageant dans l'huile, et dont les Chinois m'ont paru très-gourmands.

J'étais près d'un certain mandarin à l'abdomen développé et aux joues tombantes sur un triple menton. Comme témoignage des sentiments de déférence qu'il professait pour ma personne, il prit sur son assiette plusieurs morceaux qu'il plaça très-adroitement sur la mienne à l'aide de petits bâtonnets en usage dans toute la Chine. Je ne suis pas dégoûté, mais j'avoue que, malgré tout mon désir de répondre à la politesse de mon voisin tout aimable, je ne pus achever mon dîner. Pour achever une digestion difficile, je me livrai à de nombreuses libations de thé non sucré et de samchou, boisson tiède et alcoolique produite par la distillation du riz.

Voici quelques renseignements sur le thé, sur son usage fréquent, sur la manière de le servir et de le boire. Tout ce qui se rattache à la Chine offrant aujourd'hui quelque intérêt, je pense qu'en agissant ainsi je ne dépasse pas les bornes ou plutôt la marche que vous m'avez tracée ; je serais vraiment désolé s'il en était autrement.

Le thé est une feuille grande comme celle du grenadier ; cette feuille est prise sur des arbrisseaux qui ressemblent au myrthe. Dans le monde entier, il n'y a que la Chine qui produise l'arbre à thé, car je ne crois pas que les essais faits en Algérie pour son introduction aient réussi d'une manière avantageuse. On récolte principalement le thé dans deux provinces, celle de Nankin et celle de Chin-Cheau. La province de Nankin fournit le meilleur. On ne se doute pas en France, à moins de payer un prix exorbitant, de ce qu'est la liqueur que nous appelons thé et que les Chinois appellent cha ; il y a une différence énorme, même ici, entre la liqueur que nous faisons nous-mêmes et celle que nous offrent les Chinois. On récolte le thé avec le plus grand soin : nous ne prenons pas plus de précautions pour faire nos vendanges. L'abondance des récoltes est, heureusement pour le pays, beaucoup plus considérable que celle de nos vignes, qui manquent bien souvent, et en effet, tous les pays voisins de la Chine font usage du thé ; en outre, en Angleterre et en Russie, il est d'un usage constant ; en Russie surtout, les hommes du peuple se passeraient de tout pour en boire. Ici les gens pauvres peuvent toujours satisfaire leur passion pour cette boisson; des marchands ambulants parcourent les rues vendant du thé à une sapèque la tasse. En France, son usage devient de plus en plus fréquent. Dans toute la Chine, l'habitude de prendre du thé est si ordinaire qu'on est très-étonné de n'en voir prendre à quelqu'un que deux ou trois fois par jour ; beaucoup de personnes en prennent dix ou douze fois par jour, et même à toute heure du jour et de la nuit. Lorsqu'on fait la récolte du thé, après avoir cueilli la feuille, on la fait sécher au four, puis on la met dans des vases d'étain pour la conserver.

On attache ici une telle importance à la qualité qu'il y a à Shang-Haï ce qu'on appelle des dégustateurs, payés très-cher par les négociants, absolument comme nous avons des dégustateurs en France pour le vin. Il faut une grande habitude pour arriver à reconnaître, surtout en Chine, où le thé n'est jamais absolument mauvais, ses différentes qualités, en goûtant la liqueur qui vous est présentée.

Voici la manière de servir et de prendre le thé en Chine : on apporte devant chaque personne une tasse placée sur un pied circulaire et percé au milieu. Ce pied est en métal ; la tasse contient des feuilles et est recouverte par une soucoupe. Le garçon revient bientôt tenant un vase d'eau bouillante ; il ôte rapidement la soucoupe et, après avoir rempli chaque tasse, il s'empresse de la recouvrir : le consommateur soulève de temps en temps la soucoupe pour voir si la feuille est au fond de l'eau, c'est alors qu'il est temps de boire ; l'eau est devenue légèrement rougeâtre, le thé lui a communiqué sa vertu ; il faut la boire la plus chaude possible ; si elle est refroidie, elle est détestable. Lorsqu'on a une grande habitude de prendre le thé à la chinoise, pour que les feuilles ne viennent pas dans la bouche on boit en laissant la soucoupe sur la tasse : on a soin alors de placer le pouce sur la soucoupe, les autres doigts font appui en dessous de la tasse. Si l'on veut conserver les habitudes européennes, on verse le thé dans une deuxième tasse qu'on a près de soi à cet effet ; les feuilles ne peuvent y tomber à cause de la soucoupe placée sur la première. Il ne manque certainement pas de théières en Chine ; il y en a de charmantes, surtout les petites ; mais lorsque j'ai été invité à prendre le thé, j'ai vu trop souvent les Chinois boire en enfonçant le goulot dans leur bouche et dédaigner la méthode que je viens de vous indiquer. Les Chinois ne mettent jamais, du moins ceux de la province que j'habite (je ne parle jamais que de celle-là), de sucre dans leur thé ; on se fait bien vite à cette coutume. On est très-étonné lorsque, accablé par la chaleur, on entre dans une maison, de voir les gens vous offrir du thé bouillant. On croit d'abord nécessairement que la somme de chaleur que l'on éprouve sera bien vite augmentée : il n'en est point ainsi. Rien ne désaltère autant ; on éprouve même, après avoir bu du thé, un grand bien-être. Du reste, en Chine, on ne se sert point d'eau froide, pour ainsi dire ; le vin de riz même est bu chaud à table par les Chinois, qui ne se grisent presque jamais. Il est très-rare d'en rencontrer un qui soit ivre. Pour mon compte personnel, je n'en ai pas encore vu. On ne borne pas là le système de prendre tout très-chaud : les barbiers eux-mêmes, après avoir rasé leurs pratiques sans savon, leur passent sur la figure une petite serviette trempée dans l'eau bouillante, ce qui, les premières fois, vous fait rejeter la tête en arrière avec horreur, car on ne peut se figurer qu'on sera rafraîchi.

La réaction que l'on éprouve est sans doute inverse de celle que nous ressentons après avoir fait des boules de neige avec nos mains. Quand on se sert de neige, la réaction éprouvée est la chaleur ; quand on se sert d'eau bouillante, celle ressentie est le froid, c'est-à-dire une chaleur bien moins forte. Aussi, dans les établissements à thé, qui remplacent nos cafés, chaque consommateur a-t-il à côté de lui une petite serviette qu'il trempe constamment dans l'eau chaude, et avec laquelle il s'essuie la figure, les mains et même la poitrine. Tous les Chinois, par la chaleur qu'il fait en ce moment, ont le haut du corps entièrement nu. Ils passent toute la journée à s'éventer ; je ne sais même pas comment ils peuvent se servir de ce ventilateur aussi longtemps : cela devient probablement chez eux un mouvement machinal. Je pense que les femmes, chez elles, en font autant que ces messieurs, mais je ne puis vous l'affirmer. On ne peut pas pénétrer chez ces dames ; je serais très-embarrassé de dire si elles sont laides ou jolies (les femmes des gens riches bien entendu). Je suis même convaincu qu'à moins de circonstances extraordinaires, personne n'a jamais pu pénétrer dans l'appartement réservé aux femmes chinoises ; d'où je conclus que tout ce qu'on a écrit sur ces dernières est plus ou moins faux. Les Européens n'ont jamais dû fréquenter, en venant ici et en fait de femmes, que le rebut de la population : une vraie femme chinoise n'est plus regardée par ses compatriotes dès qu'elle a fréquenté un Barbare; elle doit même fuir sa vue, et c'est ce qui a lieu effectivement. Dans toutes mes courses à dix lieues autour de Shanghaï, chaque foisqu'une femme m'apercevait, elle s'arrêtait court et cherchait tout de suite un refuge pour aller s'y cacher jusqu'à ce que je fusse éloigné.

Les monts-de-piété sont connus en Chine depuis je ne sais combien de siècles; j'ai été très-surpris, en visitant un de ces établissements, où, comme chez nous, on prête pour un certain laps de temps sur des objets d'une certaine valeur, et qui sont vendus à l'enchère s'ils ne sont pas retirés au bout du temps déterminé.

Les Chinois ont le nombre dix pour base de numération; ils emploient pour les mesures de longueurs, pour les poids, pour les liquides le système décimal dont ils se servent depuis des siècles, nous sommes en retard sur eux à cet égard.

Pendant une de nos dernières promenades, nous avons rencontré le convoi funèbre d'un Chinois Yuylé qu'on portait au champ de repos, situé sur la montagne à peu de distance de la ville. Pour un Européen, toutes les cérémonies de ce pays sont des plus curieuses, et celles qui sont accomplies à une mort quelconque sont dignes de remarque.

Dès qu'un Chinois est mort, son parent le plus proche lui ferme les yeux, le nez et les oreilles hermétiquement, et lui met dans la bouche une pièce de monnaie; puis il se rend à une source sacrée où, en échange de papier doré ou argenté, on lui donne une certaine quantité d'eau qui sert à laver le corps du défunt. Pendant trois jours et trois nuits, des bonzes, accourus sur l'appel de la famille, récitent des prières qu'ils n'interrompent que pour frapper leurs cymbales et leur tamtam en poussant des cris funèbres. Plus ils font de bruit, plus ils espèrent chasser les mauvais génies qui toujours viennent pour s'emparer de l'âme du défunt. Ce n'est que trois jours après le décès que le mort, revêtu de ses habits de fête, est mis dans un cercueil et conduit dans le lieu de sépulture.

En avant du cortége s'avancent deux groupes de quatre hommes vêtus de blanc qui, comme dans les Indes, est l'indice du grand deuil.

Le premier groupe porte les tablettes mortuaires, ainsi qu'une épitaphe en gros caractères; le second porte le corps sur un brancard. Un bonze précède le corps, un autre le suit; tous deux jettent des morceaux de papier argenté et frappent des cymbales. Au moment où le cercueil est déposé, au bruit des cymbales qui redouble, vient se mêler la détonation des pétards et des boîtes d'artifices.

Après la cérémonie funèbre, tous les parents et amis du défunt se réunissent à la même table pour rendre hommage à la mémoire de l'ami qui n'est plus. Pendant quelques heures, Chinois et Chinoises mangent et boivent avec tout l'appétit dont ils sont susceptibles, et à la tristesse du premier service succède bientôt la gaieté qui se manifeste généralement à la fin des repas. Les bonzes ont fait leur office, les bâtonnets ont fumé sur les autels, la famille a accompli toutes les exigences du rite, les regrets ont été exprimés selon le cœur et l'usage, le mauvais génie a été éloigné... les mânes doivent être tranquilles! Alors, pourquoi ne pas témoigner le contentement du devoir accompli? C'est ainsi que pensent tous les habitants du Céleste-Empire.

Pendant de longues années, certaines familles conservaient dans leur demeure les cercueils des défunts, qui restaient exposés soit devant leur maison, soit dans la salle des ancêtres; mais depuis peu, cet usage a été proscrit par les lois, qui prescrivent de porter, après trois jours de date, les cadavres dans les endroits désignés pour la sépulture. Mais dans toutes les provinces de la Chine, le terrain est tellement disputé par les vivants que de nombreuses infractions à la loi ont lieu presque journellement. C'est ainsi que les familles pauvres, pour éviter des frais de sépulture, jettent les cadavres de leurs enfants dans des puits perdus, véritables charniers humains. Cette habitude barbare a donné lieu à cette croyance généralement répandue en Europe, que les Chinois tuaient impitoyablement leurs enfants. Je ne prétends pas dire que le crime d'infanticide n'existe pas en Chine, je dis seulement que, si ce crime était répandu dans les mœurs chinoises, un des plus grands fléaux qui accablent l Céleste-Empire n'existerait pas. Je veux parler d'un trop plein que le sol ne peut nourrir. Autour des villes, s'étendent des villages dont la population de quelques-uns dépasse un million; les rues sont sombres et étroites, l'air n'y peut circuler; et dans ces cahutes, que le froid envahit en hiver, que le soleil grille pendant plusieurs mois de l'année, vivent des familles nombreuses, entassées les unes sur les autres, décimées par la fièvre et les maladies. Qu'un édit impérial autorise l'émigration, et l'on verra des millions d'individus, qui ne peuvent que végéter misérablement en Chine, s'expatrier au loin et demander aux puissances étrangères ce que leur mère-patrie ne peut leur donner.

Déjà, dans toutes les colonies de l'Océanie, des mers des Indes et de la Chine, se sont établis un certain nombre de Chinois qui ont pu tromper la vigilance des autorités maritimes.

Les affiches monstres employées à Paris, depuis surtout le roman du *Diable à Paris*, je crois, sont connues en Chine depuis des siècles: on les emploie pour la moindre des choses; un Chinois complaisant se charge de l'expliquer à ceux qui l'entourent.

L'origine de la queue chez les Chinois remonte, dit-on, à la conquête des Tartares; lorsque ces derniers s'emparèrent de l'empire, ils furent tellement effrayés de se trouver en si petit nombre au milieu d'une population immense, qu'ils ordonnèrent aux vaincus de se raser la tête et de laisser pousser seulement sur le sommet une mèche de cheveux. Tout le monde se conforma à cet ordre, hormis quelques Chinois qui se réfugièrent dans les montagnes, et dont les descendants, croit-on généralement, furent les premiers moteurs de l'insurrection qui désole la Chine depuis si longtemps.

Aujourd'hui, comme je vous l'ai dit, la queue est un ornement nécessaire aux Chinois; ils la soignent autant que nos femmes de France soignent leur chevelure.

APPENDICE.

L'ARMÉE CHINOISE.

Les forces de terre et de mer dont peut disposer l'empereur de la Chine s'élèvent à 1,200,000 hommes répandus sur toute la surface de l'empire et partagés en trois grandes divisions. La première comprend les huit *bannières*; composées de Tartares-Mantchoux, de Mongols et de Han-Kum (Chinois ralliés au gouvernement dès la conquête tartare-mandchoux), dont le chiffre total s'élève à 270,000; la deuxième comprend les *milices du drapeau vert*, au nombre de 600,000 et composées de Chinois, à l'exception de quelques officiers généraux; enfin la troisième comprend la milice urbaine au nombre de 300,000, espèce de garde municipale dont les fonctions sont de veiller à la sûreté générale.

En dehors de ces trois grandes divisions bien distinctes, il y a l'armée des volontaires, qui, en temps de guerre, doit prendre les armes au commandement de l'empereur. Cette quatrième division, espèce de landwehr, présente un chiffre in-déterminé et qu'il n'est possible d'évaluer qu'en raison de l'appel fait par un ordre supérieur. Quel qu'il soit, son nombre ne laisse pas que d'être imposant; et au premier aperçu on ne peut qu'être étonné qu'une armée aussi considérable soit impuissante à réprimer et à étouffer une rébellion qui, chaque année, augmente de puissance et d'étendue.

Occupons-nous d'abord de la première division, la plus importante, sinon comme nombre, du moins comme composition et valeur militaires.

L'armée dite des *huit bannières* est ainsi divisée:

1re bannière jaune.
2e — jaune à bordure rouge.
3o — blanche.

Dites bannières supérieures et composées de Tartares, Mantchoux et Mongols.

4e bannière blanche à bord. rouge.
5e — rouge.

6e —   rouge à bord. blanche.
7e —   bleue.
8e —   bleue à bordure rouge.

Dites bannières inférieures et composées de Tartares, Mantchoux, Mongols et Han-Kiun.

Toutes ces bannières sont en outre subdivisées en vingt-cinq corps qui ont d'abord la garde exclusive de Pékin, de la province impériale, puis tiennent garnison dans onze provinces de l'empire, dans la Mantchourie et le Turkestan.

Toutes les nominations, par suite d'admission ou avancement, sont faites directement par l'empereur, sur la présentation du conseil de la garde impériale composé des officiers généraux et supérieurs. Les réglemens particuliers qui régissent les officiers et soldats de la garde sont des plus sévères, et les moindres infractions à la consigne sont punies de la manière la plus rigoureuse, par cent coups de bâton pour les plus légères infractions, par le bannissement et la mort pour les fautes plus graves.

Vous remarquerez que, sur 2,957 militaires composant la garde impériale, il y a 1,756 sous-officiers et soldats et 1,201 officiers, nombre presque égal à celui des soldats. L'état-major très-nombreux est composé, comme je l'ai dit plus haut, des princes ou alliés de la famille impériale et forme deux classes distinctes : la première comprend les Tartares-Mantchoux, descendant en ligne directe du fondateur de la dynastie régnante; la deuxième comprend les branches collatérales, descendant des oncles et frères du fondateur. Parmi ces deux classes, sont des rois, des princes, des ducs, des comtes formant douze degrés de noblesse héréditaire.

Outre la famille royale, il y a en Chine une classe de nobles héréditaires, dont les titres sont transmissibles, mais qui baissant de degrés à chaque génération, finissent par s'éteindre à la 2e, 3e, 4e ou 5e génération, suivant le degré de noblesse.

Au surplus, la noblesse en Chine n'a qu'un titre qui ne constitue en faveur de celui qui s'en est rendu digne aucun privilége, aucun douaire. Toutes les plus hautes charges de l'Etat sont remplies par des personnages qui sortent de la dernière classe du peuple et qui ne sont arrivés du dernier rang au premier que par le travail et l'intelligence. Je ne veux pas dire que le favoritisme n'exerce pas son pouvoir en Chine comme partout ailleurs, je constate seulement l'élément populaire dans les rouages du gouvernement chinois.

L'armement de la garde impériale consiste en fusil, sabre, poignard, hallebarde, bouclier, arc et flèches. Une certaine quantité de fusils sont à percussion, mais le plus grand nombre rentre dans la catégorie des fusils primitifs, tels que fusils à pierre et à mèche. La poudre dont on se sert en Chine est d'un grain très-gros, ressemblant assez à notre poudre à canon ; elle crasse vite et contribue encore à rendre le tir incertain. Tous les arquebusiers se servent de balles cylindriques ou de cartouches à balle cylindrique, par-dessus lesquelles ils glissent encore des lingots de plomb ou de la grenaille de fer. Leurs connaissances militaires, au point de vue du tir de précision, laissent, vous le voyez, beaucoup à désirer.

La hallebarde est une espèce de lance en bois terminée par un trident en fer.

L'arc est l'arme favorite et primitive de l'armée chinoise. On le porte en bandoulière ; à côté de l'arc se trouve le carquois en cuivre, qui contient des flèches de plusieurs grandeurs, et armées de pointes ou de tridents en fer. Chaque carquois, divisé en trois compartiments, contient généralement trois grandes flèches, douze moyennes à pointes et douze plus petites à tridents. Il y a des carquois qui contiennent cinquante ou soixante flèches.

Quelques escadrons ne portent ni arcs, ni flèches, ni fusils, ni lances, mais seulement un grand sabre qu'ils manient avec une grande habileté.

Tous portent pour coiffure un petit casque orné d'une tête de tigre, et pour vêtement une jaquette à ramages, couverte d'une cotte de mailles faite en chaînettes de fer ; tous portent encore, comme arme défensive, des boucliers ayant un mètre de hauteur, et sur lesquels sont peints des têtes de tigre ou d'animaux fantastiques à l'aspect terrible.

Aucun cavalier tartare ne se met en route sans sa pipe et son éventail, qu'il maintient dans ses bottes.

La grande pipe et l'éventail sont deux choses indispensables qui révèlent les mœurs et les habitudes des soldats du Céleste-Empire.

Toutes les milices rassemblées sous l'étendard du drapeau vert (lou-yng), et répandues dans les dix huit provinces de l'empire chinois, s'élèvent au total de six cent mille hommes, dont soixante mille dans la seule province de Tchi-li. Elles sont divisées en cavalerie (ma-ping), en infanterie (nou-ping), et garnisons sédentaires (sheou-ping). Toutes ces troupes fort médiocres ne peuvent rivaliser avec les bataillons tartares, les meilleurs soldats du Céleste-Empire ; ces lou-yng sont plutôt des sergents de ville, des douaniers, des gardes-champêtres, des constables, que des soldats ; cependant ceux qui tiennent garnison dans le Tchi-li, et sur les frontières du Nord comme sur les bords de la mer sont quelquefois appelés à faire un service militant.

Mais la nature des fonctions dont sont chargés les lou-yng doit être une des causes de la faiblesse réelle de ce grand corps ; ainsi, ce sont les milices du drapeau vert qui ont la garde des fleuves, des rivières, des canaux et des digues, des prisons et des prisonniers pendant leur transport, des bateaux chargés de munitions de guerre, de fourrages et de vivres ; ce sont eux qui ont la surveillance des bâtiments en construction sur les chantiers, des greniers d'approvisionnement et des magasins du gouvernement ; ce sont ces mêmes lou-yng qui font le service des côtes pour la répression de la contrebande, de l'intérieur des villes pour la police, et des dépêches pour le service civil et militaire; ils ont de plus la surveillance des salines et des plantations diverses.

Tous ces soldats sont à l'état de liberté, vivant chacun chez eux, et s'occupant d'agriculture. Ils ne se réunissent qu'à certaines occasions sur un ordre de leur chef, sont peu exercés au maniement des armes, et, par suite de leur organisation mixte, forment de fort mauvaises troupes.

Outre les milices du drapeau vert, il y a la milice urbaine (thou-ping), véritable garde municipa'e dont les fonctions sont de veiller à la sûreté générale et de maintenir la tranquillité publique. Cette milice, qui relève de l'autorité du mandarin gouverneur de la province, est commandée dans chaque district par un capitaine, trois lieutenants, six sous-lieutenants, quarante sous-officiers, commandant à 300 soldats.

Parmi la milice urbaine (thou-ping), il y a trois divisions différentes qu'on distingue par leur armement spécial: la première (miao-thsiang-ping) est armée de fusils et de sabres; la deuxième (tchang-thsiang-ping) est armée de lances et de hallebardes; la troisième (theng-pai-ping) n'a qu'un sabre et un bouclier.

Pour uniforme ils portent une coiffure pointue en carton peint et une tunique sans manches, sur laquelle est écrit en gros caractère le mot: thou-ping.

La solde de chaque garde de la milice urbaine est de deux taels (le tael vaut 6 fr. 20 c.) par mois. Si la solde est minime, il est juste de dire que le service militaire est insignifiant. Tous les gardes sont si peu occupés par leurs fonctions militaires, qu'ils passent leur temps, ou une grande partie, sur les marchés ou dans les boutiques, occupés à divers genres de commerce.

Ces trois grandes divisions de l'armée chinoise sont soumises au Code militaire qui, publié en 1731 sous le règne de l'empereur Young-Tching, comprend les lois et règlements constitutifs de l'armée, les devoirs des officiers et soldats, et les peines disciplinaires et correctionnelles infligées aux uns et aux autres par suite des sentences rendues par les tribunaux. Suivant la gravité de la faute, les condamnations sont: la suppression de vivres et de solde, l'emprisonnement, la bastonnade et la cangue, le bannissement perpétuel ou limité, le percement du nez et de l'oreille au moyen d'une petite flèche, et enfin la peine de mort.

Les principaux articles du Code militaire sont les suivants:

Sera décapité tout militaire qui, dans une action, n'avancera pas, murmurera dans les rangs, ou refusera de battre le gong; tout militaire qui, chargé de transmettre un ordre, le modifiera d'une manière quelconque, ou le divulguera à un tiers; tout militaire qui, dans un rapport, exagérera les services qu'il aura rendus; tout militaire qui opprimera la population indigène ou étrangère, ou sera convaincu de vol ou de viol; tout militaire qui se permettra d'effrayer ses camarades par des récits mensongers; tout militaire qui refusera de marcher au combat en simulant une maladie quelconque ou qui donnera une fausse alerte; tout militaire qui laissera pénétrer dans le camp une personne étrangère sans autorisation spéciale.

Quant à la bastonnade, elle est distribuée pour les moindres méfaits ou délits avec une libéralité parfaite. Dans toutes les révisions du Code militaire, les empereurs de Chine ont toujours cherché, par la rigueur des lois et réglements, à maintenir intacte la discipline militaire et à exalter le patriotisme par la promesse de récompenses. Ces récompenses sont honorifiques et pécuniaires. Toutes sont décernées ou distribuées par le ministre de la guerre, qui statue sur les rapports qui lui sont adressés par la voie hiérarchique, et par l'empereur, qui nomme d'office.

En temps de guerre seulement, la nomination des officiers et sous-officiers appartient à l'officier général commandant en chef; mais encore, dans cette situation, il ne peut disposer que de la moitié des nominations à faire, et il faut, pour les rendre valables, qu'il les fasse ratifier par le ministre. S'il n'y a pas urgence, le général doit borner son action à dresser une liste de présentation comprenant les faits de guerre, les distinctions obtenues, la durée des services militaires, l'aptitude, l'intelligence, l'instruction, enfin tous les renseignements touchant l'âge, la famille, la fortune et les agréments personnels de chaque individu.

Pour une action d'éclat, non-seulement les militaires, officiers et soldats, sont nommés à un grade supérieur, mais encore reçoivent une certaine somme d'argent, qui varie en raison du grade de l'individu. S'ils succombent sur le champ de bataille, leurs parents sont nourris aux frais de l'État, et les orphelins reçoivent une indemnité qui varie de 400 à 10,000 fr. Quand la famille d'un officier, décédé dans l'exercice de ses fonctions civiles ou militaires, ne peut subvenir aux frais d'inhumation, elle n'a qu'à adresser une demande à l'administration compétente, et l'État se charge de tout.

Dans les cérémonies funèbres, des détachements de l'armée à laquelle ont appartenu les militaires décédés escortent le cercueil. En avant du cortége marchent des officiers portant les armes du défunt et son oraison funèbre, qui est transcrite sur une des pierres de la chapelle mortuaire.

Les blessés eux-mêmes, outre l'avancement qu'ils obtiennent toujours, reçoivent une certaine somme d'argent proportionnée à leur grade.

On peut dire que la sollicitude du gouvernement chinois est extrême pour tous les gens de guerre et pour la famille de ceux qui se sont illustrés ou sont morts sur le champ de bataille. Malgré tous ces éléments de force, on est obligé de reconnaître que l'armée chinoise laisse beaucoup à désirer.

Plusieurs causes expliquent la faiblesse réelle de ce grand corps d'armée et l'infériorité personnelle du soldat chinois : d'abord l'étendue considérable de l'empire chinois, qui s'étend depuis les rives de l'Océan au sud jusqu'à la Russie asiatique au nord, depuis l'Indoustan à l'ouest jusqu'à la mer du Japon à l'est ; puis, la politique du gouvernement, qui a, depuis les temps les plus reculés jusqu'à présent, tourné ses efforts vers l'agriculture, en négligeant tout ce qui a trait à l'art militaire. Tous les honneurs sont réservés au corps des lettrés, à qui on donne des mandarinats militaires de préférence à ceux moins lettrés qui ont des connaissances spéciales dans l'art militaire.

Les empereurs de Chine ont toujours agi ainsi, dans la crainte de mettre entre les mains de quelques généraux une trop grande puissance dont ils pussent abuser contre le chef de l'Etat.

Jusqu'en 1644, dura cet ordre de choses, qui ne fut modifié que par les nouveaux conquérants du trône de Chine, les Tartares-Mantchoux, qui, voyant tout le parti qu'ils pouvaient tirer de la situation, se réservèrent tous les principaux postes de l'armée, la garde exclusive de la ville impériale, et donnèrent à tous les chefs de corps des priviléges exclusifs.

Peu à peu, les empereurs tartares-mantchoux, amollis par le contact des mœurs des Chinois, se départirent de ces principes, et l'élément civil reprit le dessus.

Tous les soldats de l'empire sont mariés et adonnés à l'agriculture ; chacun a une partie de terrain qu'il cultive et au soin duquel il donne tout son temps. Les soldats ne quittent la charrue que sous la menace de la cangue ou de la bastonnade, et je puis ajouter que ces peines correctionnelles sont appliquées avec une libéralité qui prouve aussi peu en faveur des suppliciers que des gouvernants. Les exercices militaires n'ont lieu qu'à des intervalles éloignés et avec une mollesse extrême.

En résumé, le soldat chinois ne possède aucune des qualités du soldat européen, mu par l'intelligence, l'instruction, l'amour de la patrie, l'enthousiasme et l'élan, mobiles qui poussent toujours aux grandes choses ; amolli par sa vie sédentaire et contemplative, abruti par ses coutumes et ses passions, le soldat chinois n'est qu'un bon cultivateur, inhabile à manier une arme.

Je ne fais exception à cette opinion générale qu'en faveur des Tartares-Mantchoux et des Dakhours, peuple originaire des bords de l'Amour, qui, par leur manière d'être, méritent le nom de guerriers. Ils sont aussi braves et énergiques que les Chinois sont mous et lâches ; aussi connaissant toute leur valeur l'empereur actuel en fait grand cas. Ce sont les troupes tartares des huit bannières, appuyées sur les soixante mille hommes de la milice du drapeau vert, que le corps expéditionnaire anglo-français ont eu à combattre sur les rives du Peï-ho.

On écrit de Tien-tsin, le 10 novembre :

« Les merveilles que nous avons vues à Palikia-ho, le palais d'été de l'empereur, le Versailles de la Chine, sont un rêve des *Mille et une nuits*, une féerie, un enchantement. Quand nous avons pénétré dans ces jardins immenses, où les palais, les pagodes, les minarets se succèdent à chaque pas, nos regards étonnés ne savaient où s'arrêter. Un palais s'élève au bord d'un lac, une charmante habitation au milieu d'un bois, une autre sur le sommet d'un rocher, et ainsi, toujours et toujours, si bien qu'après avoir côtoyé le lac, escaladé les montagnes de rocailles apportées petits morceaux par petits morceaux pour former un point de vue, nous nous arrêtons, fatigués de ces choses toujours nouvelles, et nous entrons dans un grand bâtiment en briques. C'était pour tomber dans de nouvelles admirations, devant ces richesses, ces beautés et ces splendeurs. Des lambris d'ivoire, des meubles de nacre de mille formes étranges, où l'or, le jaspe et le porphyre se mêlent et s'enlacent au milieu de la clarté douteuse que renvoient les grandes glaces, on s'attend à voir apparaître des sylphes et les fées maîtresses de ces lieux enchantés. L'une de ces salles, aussi grande que celle du Luxembourg, était tapissée de petits bonshommes d'ivoire, qui formaient la partie animée d'un merveilleux paysage. Ici un village chinois entouré de champs et de terre de labour. Un ruisseau serpente dans la campagne, et un pêcheur assis sur la rive enlève le poisson qu'un confrère va vendre lestement aux chalands. Chacun se livre à ses occupations, vend, achète, laboure, glane, vendange, arrose; les oiseaux du ciel chantent dans les arbres, les enfants jouent et se roulent sur la terre ; et, dans la forêt, près d'une fontaine, une Chinoise écoute les tendres propos de son amant, pendant qu'un vieillard au sourire moqueur les observe à travers la feuillée.

« Dans la pièce voisine on se retrouve en Europe, en plein dix-huitième siècle, au milieu de l'agitation d'une grande ville, sur la promenade à la mode. Ici un buste de Louis XVI, là-bas un portrait de Jean-Jacques en Arménien. Que dire de ces bijoux de montres renfermés dans un dé à jouer, or, perle et émail, des laques de Pékin, des bois sculptés, des pendules, des tentures de soie brodées. La salle des *desserts* est un palais, où nous avons bu le vin de jujube, qui rappelle d'excellent Porto, et mangé un fruit tout rond dont l'écorce ressemble à la pomme de pin. En se rompant sous le doigt, l'enveloppe, très-fragile, laisse pendre une sorte de pruneau; au moins cette substance a l'aspect et le goût d'une de nos excellentes prunes de Tours cuite dans son jus. Si la salle des *desserts* est un palais, la bibliothèque est une ville. Là, j'ai vu un planisphère et une mappemonde avec toutes les lignes de navigation, qui m'a paru des plus exactes ; une boîte de superbes compas ; que sais-je encore ? Et après tout cela comment parler de la salle du Trône qui surpasse encore toutes ces merveilles.

« De ces splendeurs il ne reste maintenant que des ruines.

« Le 25, l'ambassadeur de France se rendait à Pékin, accompagné par le général en chef, pour la signature du traité et l'échange des ratifications. Le cortége formé par l'armée, et dont sans doute l'ordre du jour que les journaux auront publié aura déjà fait connaître la marche, était magnifique, et on ne saurait croire le sentiment de fierté que nous éprouvions tous en voyant les trois drapeaux des régiments déployant leurs nobles couleurs dans cette ville fermée jusqu'alors à l'Europe. Le 27, nous enterrions avec une grande pompe les malheureuses victimes de l'attentat de Tang-Tcheou : l'intendant Dubut, le colonel Grandchamps, M. Ader, chef du service des hôpitaux, et leurs soldats.

« L'aumônier en chef, assisté de M. Serré et de M. Mahé, aumônier en chef de l'armée anglaise, conduisait la triste cérémonie, à laquelle s'étaient joints les lazaristes. Mgr Mouly, évêque de Pékin, qui depuis vingt-six ans réside en Chine, et son coadjuteur, Mgr Aunouy, qui administre depuis quatorze ans, à trente lieues de Pékin, un vicariat de la mission, quatre prêtres chinois et vingt-quatre catéchumènes, en costume de chœur,

accompagnaient les voitures, qu portaient chacune un cercueil couvert avec un drap mortuaire en velours magnifique, préparé à Pékin même par les soins du gouvernement tartare.

« Après la signature du traité à Pékin, on a autorisé quiconque appartenait à la flotte ou aux stations situées sur la route à visiter la ville. Beaucoup ont profité de l'occasion pour pouvoir dire qu'ils ont vu cette capitale ; mais ils ont été fort désappointés, car Pékin est, sans exception, la ville la plus affreusement sale, la plus dégoûtante que j'aie jamais vue. Elle est bâtie sur une plaine de boue parfaitement unie, de telle sorte qu'il n'y a point de drainage possible. Le Peï-ho, dans lequel on pourrait faire écouler cette boue, est situé à 14 milles de distance, et l'eau en est si dormante qu'elle n'entraînerait pas facilement dans son cours toutes ces immondices. Point de latrines, point d'égouts, et tout se passe sans nul égard pour la décence. Pékin n'est ni aussi grand ni aussi peuplé qu'on nous l'a toujours fait croire. Il a peu ou n'a point de faubourgs, et, à en juger par une marche à cheval à travers des quartiers tartares et chinois, il n'est guère plus grand que Manchester ou Glasgow. La population est certainement très-serrée : mais aussi les maisons n'ont qu'un étage, et chacun veut avoir un jardin derrière.

« On a calculé que tout ce qui a été détruit se monte à plus de 6 millions de livres sterling (150 millions de francs). En entrant dans la résidence privée de l'empereur, on brisait en pièces, parce qu'ils étaient trop lourds à porter, des vases de porcelaine de Chine émaillés qu'on ne peut plus fabriquer parce que le secret en est perdu. Ce sont des objets dont il est impossible d'apprécier la valeur. Chambres sur chambres étaient remplies de riches étoffes de soie. C'étaient partout des bronzes magnifiques, des pierres de jaspe et des présents qu'avaient reçus les empereurs, avec l'inscription des noms de ceux qui les avaient donnés.

« Le lavabo, le bassin et l'aiguère en or de l'empereur, garnis de diamants, ont été vendus 2,000 liv. st. par celui qui s'en est emparé. Beaucoup de soldats ont en leur possession 30 ou 40 livres d'or pur ; d'autres ont des perles et des pierres précieuses dont on ignore la valeur. On a trouvé dans le palais 400 eunuques, et il est à remarquer que toutes les dames de la cour doivent avoir eu les pieds de grandeur naturelle, car toutes les pantoufles trouvées dans leurs chambres étaient grandes, et l'on n'a pas vu un seul soulier à pied contracté. »

Dès le 13 novembre, le mouvement de retraite des armées alliées s'effectuait rapidement, aux termes du traité signé à Pékin. La brigade du général Collineau avait l'ordre de prendre ses quartiers d'hiver entre Tien-tsin et les forts de Takou, avec quelques navires sous les ordres du contre-amiral Protet. Le général de Montauban, avec la brigade Jamin, devait s'établir à Shang-haï, le vice-amiral Charner demeurant avec le gros de l'escadre française à l'entrée de la rivière, au mouillage de Wousong ; 900 hommes continueraient à occuper Canton, le contre-amiral Page revenant avec plusieurs navires hiverner à Hong-Kong. Le baron Gros et le personnel de sa mission allaient d'un jour à l'autre s'embarquer sur le *Du Chayla*, qui les ramènerait à Suez. Quant à lord Elgin, il avait l'intention de prendre la malle d'Europe à Singapoure, après s'être arrêté quelques jours à Manille.

La plus grande partie des troupes anglaises s'apprêtait à retourner dans l'Inde, nos alliés ne conservant dans le nord que 4,000 hommes et quelques détachements à Hong-Kong et à Canton.

FIN.

Paris. — Typ. Walder, rue Bonaparte, 44.

EMPIRE CHINOIS.

PAR A. M. PERROT.

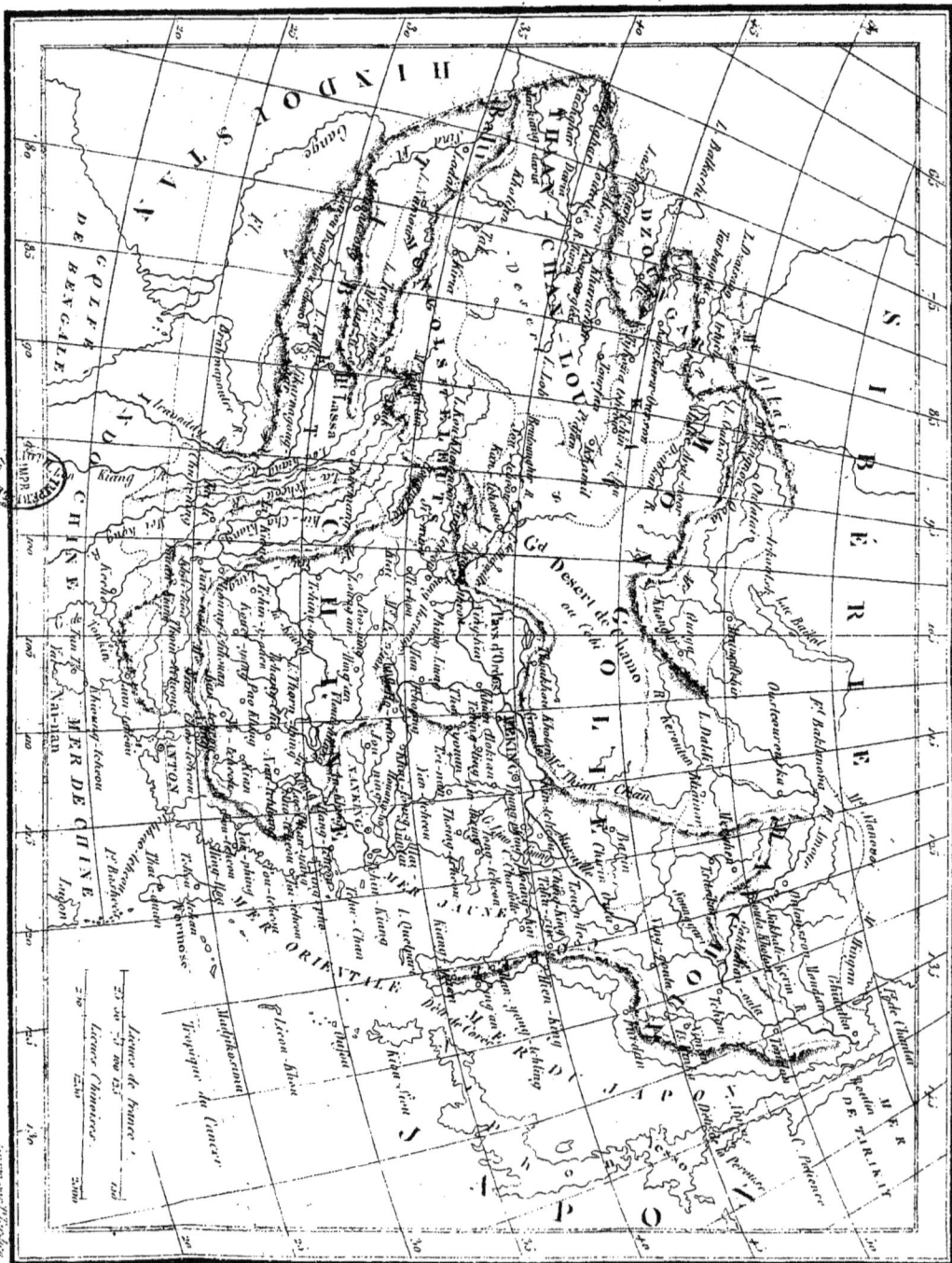

SIBÉRIE

HINDOUSTAN

GOLFE DE BENGALE

MER DE CHINE

MER DE CHINE ORIENTALE

MER JAUNE

JAPON

Gd Desert de Chamo ou Gobi

Tropique du Cancer

Lieues de France

Lieues Chinoises

www.ingramcontent.com/pod-product-compliance
Lightning Source LLC
Chambersburg PA
CBHW051733090426
42738CB00010B/2230